viver
BUDA,
viver
CRISTO

Dados Internacionais de Catalogação na Publicação (CIP)
(Câmara Brasileira do Livro, SP, Brasil)

Hanh, Thich Nhat, 1926-2022
  Viver Buda : viver Cristo / Thich Nhat Hanh ; tradução Gentil Avelino Titton. – Petrópolis, RJ : Editora Vozes, 2023.
  Título original: Living Buddha – living Christ

2ª reimpressão, 2024.

  ISBN 978-65-5713-903-5

  1. Budismo 2. Cristianismo 3. Diálogo inter-religioso I. Título.

23-159404   CDD-261.2

Índices para catálogo sistemático:
1. Diálogo inter-religioso : Cristianismo e outras religiões   261.2

Eliane de Freitas Leite – Bibliotecária – CRB 8/8415

viver BUDA, viver CRISTO

THICH NHAT HANH

Tradução de Gentil Avelino Titton

EDITORA VOZES

Petrópolis

© 1995 by Thich Nhat Hanh

Publicado por acordo com Riverhead Books, uma impressão do grupo
Penguin Publishing, uma divisão da Penguin Random House LLC

Tradução do original em inglês intitulado *Living Buddha, living Christ*

Direitos de publicação em língua portuguesa – Brasil:
2023, Editora Vozes Ltda.
Rua Frei Luís, 100
25689-900 Petrópolis, RJ
www.vozes.com.br
Brasil

Todos os direitos reservados. Nenhuma parte desta obra poderá ser
reproduzida ou transmitida por qualquer forma e/ou quaisquer meios
(eletrônico ou mecânico, incluindo fotocópia e gravação) ou arquivada
em qualquer sistema ou banco de dados sem permissão escrita da editora.

CONSELHO EDITORIAL	PRODUÇÃO EDITORIAL
Diretor	Aline L.R. de Barros
Volney J. Berkenbrock	Marcelo Telles
	Mirela de Oliveira
Editores	Otaviano M. Cunha
Aline dos Santos Carneiro	Rafael de Oliveira
Edrian Josué Pasini	Samuel Rezende
Marilac Loraine Oleniki	Vanessa Luz
Welder Lancieri Marchini	Verônica M. Guedes
Conselheiros	**Conselho de projetos editoriais**
Elói Dionísio Piva	Isabelle Theodora R.S. Martins
Francisco Morás	Luísa Ramos M. Lorenzi
Gilberto Gonçalves Garcia	Natália França
Ludovico Garmus	Priscilla A.F. Alves
Teobaldo Heidemann	
Secretário executivo	
Leonardo A.R.T. dos Santos	

Diagramação: Sheilandre Desenv. Gráfico
Revisão gráfica: Nilton Braz da Rocha
Capa: Érico Lebedenco

ISBN 978-65-5713-903-5 (Brasil)
ISBN 1-57322-018-3 (Estados Unidos)

Este livro foi composto e impresso pela Editora Vozes Ltda.

Agradecimentos

Agradeço a meus amigos Martin Pitt, Mobi Warren e Arnold Kotler pelo valioso tempo e energia que gastaram para ajudar-me a transcrever fitas e editar este livro, transformando-o num maravilhoso instrumento para o diálogo.

SUMÁRIO

Prefácio, 9

Introdução, 15

1 Tranquilizai-vos e reconhecei, 23

2 Consciência plena e o Espírito Santo, 33

3 A primeira ceia, 43

4 Viver Buda, viver Cristo, 51

5 Comunidades de prática, 71

6 Um coração pacífico, 83

7 Para um futuro ser possível, 93

8 Buscando um refúgio, 117

9 A outra margem, 129

10 Fé e prática, 151

Glossário, 183

Prefácio

Por duas vezes neste livro Thich Nhat Hanh nos coloca diante de uma vigorosa imagem da lenda cristã: Em pleno inverno, São Francisco de Assis fala em voz alta para uma amendoeira: "Fale-me de Deus!" e a amendoeira floresce. *Ela se torna viva*. Não existe outra maneira de dar testemunho de Deus senão tornando-se vivo. Com um admirável instinto, Thich Nhat Hanh rastreia o viver genuíno até sua fonte. Ele reconhece que é isso que a tradição bíblica denomina Espírito Santo. Afinal, a própria palavra "espírito" significa "respiração", e respirar significa viver. O Espírito Santo é a respiração da vida divina.

Isto evoca a história da criação narrada pela Bíblia: No início o Espírito de Deus – sempre feminino na Bíblia – paira como uma mãe pássaro sobre o caos sem vida, chocando e produzindo vida em todas as suas formas e graus. "Porque o Espírito do Senhor enche a terra e a tudo dá consistência..." (Sb 1,7). No final do mito da criação, vemos Deus, numa imagem tocante, inspirar vida nas narinas da figura humana ainda inanimada, formada da terra à imagem do próprio Deus. E assim nós humanos nos tornamos vivos. A partir da perspectiva bíblica, nunca houve um ser humano que não está vivo com o sopro de vida do próprio Deus.

Nós cristãos não temos o monopólio do Espírito Santo: "Todos os que são conduzidos pelo Espírito de Deus são filhos [e filhas] de Deus" (Rm 8,14). Não causa surpresa, portanto, que um budista que não teme a dor causada pelo fato de estar realmente vivo – dor do parto, dor do crescimento – reconheça o Espírito Santo como a fonte última de toda vida. "O Espírito sopra para onde bem entende" (Jo 3,8). E não causa surpresa que os cristãos vivos reconheçam suas irmãs e seus irmãos no Espírito Santo em todo lugar.

"Nhat Hanh é meu irmão", escreveu Thomas Merton. "Nós somos monges e temos aproximadamente o mesmo número de anos de vida monástica. Ambos somos poetas, ambos somos existencialistas. Tenho muito mais coisas em comum com Nhat Hanh do que com muitos americanos". Isto foi escrito quando os dois pacificadores enfrentaram juntos a catástrofe da guerra do Vietnã. Foi nesse tempo que eu mesmo tive o privilégio de encontrar-me com Thich Nhat Hanh, conhecido por amigos e alunos como Thây (mestre), e reconheci nele um irmão no Espírito.

Grande foi minha alegria ao encontrar logo na primeira página deste livro uma referência ao fato de Thây ter participado da Eucaristia com Dan Berrigan. Isto ocorreu certa vez, num pequeno quarto de estudante que eu ocupava na Universidade de Columbia. Como uma das leituras sagradas daquela tarde, Thây recitou o Sutra do Coração, a mais importante escritura Zen, em língua vietnamita. Foi no dia

4 de abril de 1968. Como poderia eu esquecer essa data! Mais tarde fomos ouvir uma preleção de Hans Küng, mas o evento foi interrompido pela terrível notícia do assassinato do Dr. Martin Luther King Jr.

O ritual que celebramos mais cedo naquela tarde foi novamente reencenado na história: "Ninguém tem maior amor do que aquele que dá a vida por seus amigos" (Jo 15,13). Jesus o fizera 2.000 anos atrás; Martin King o fez hoje; e Thây, arriscando sua própria vida para falar intransigentemente em favor da paz no Vietnã, permitia-se caminhar na mesma direção. Thomas Merton escreveu: "Nhat Hanh é um homem livre que atuou como homem livre em favor de seus irmãos, movido pela dinâmica espiritual de uma tradição de compaixão religiosa. Não podemos deixá-lo voltar a Saigon para ser destruído enquanto nós estamos aqui sentados acalentando o ardor humanitário de boas intenções e valiosos sentimentos". Por fim Thây foi poupado. Incapacitado de retornar ao Vietnã, viveu no exílio desde então. As raízes de *Viver Buda, viver Cristo* remontam ao tempo em que, em face da morte, os corações humanos estavam muito vivos.

"É mais seguro aproximar-se de Deus pelo Espírito Santo do que pela teologia", escreve Thây. E, no entanto, ele é um teólogo no sentido mais profundo: Ele fala de Deus a partir de sua própria experiência viva. E fala com entusiasmo – com a voz do Espírito divino em seu coração. Se escutarmos com atenção, ouviremos verdades tradicionais de maneiras novas e surpreendentes. E podemos surpreender-nos com a firme sensibilidade de Thây pelo essencial. Para os leitores cristãos seria uma grande perda descuidar esta voz de discernimento e compaixão e insistir ao invés nos requintes acadêmicos e na precisão teológica.

Thich Nhat Hanh escreve: "Discutir sobre Deus não é a melhor maneira de usar nossa energia. Se entramos em contato com o Espírito Santo, entramos em contato com Deus não como um conceito, mas como uma realidade viva". Com mão suave mas firme, este monge nos leva frequentemente da teoria à prática. Ele tem um profundo respeito pelos conceitos, mas como um meio e não como um fim. A tradição Zen desenvolveu uma rica e nuançada terminologia, mas sua ênfase na prática torna menos provável alguém prender-se a noções. Thây insiste: "A realidade é livre de noções. [...] É nosso dever transcender palavras e conceitos para sermos capazes de encontrar a realidade".

E continua: "Quando vemos alguém transbordante de amor e compreensão, alguém profundamente consciente do que está acontecendo, sabemos que ele está muito perto de Buda e de Jesus Cristo". Como você se sentiria caso se encontrasse com uma pessoa como essa? Cheio de alegria? Sem dúvida. Confortável? Talvez não. Tive o privilégio de encontrar-me com homens e mulheres próximos ao Buda vivo, ao Cristo vivo – alguns deles mundialmente famosos, outros totalmente desconhecidos; isso não faz nenhuma diferença. Sua simples presença nos desperta e desafia nossa presunção.

Lendo *Viver Buda, viver Cristo*, senti o mesmo desafio. Não estou me referindo às poucas passagens que criticam a mesquinhez, o exclusivismo ou o sexismo cristãos (ou melhor; não cristãos). Qualquer cristão que se esforça por seguir a Cristo terá expressado essas críticas há muito tempo, e possivelmente de maneira menos suave. O desafio que senti foi pessoal. Não veio de nada que Thây disse, mas de seu silêncio, das entrelinhas. Senti-me um pouco como a amendoeira que São Francisco enfrentou. O místico Angelus Silesius conclamou: "Comece a florescer, cristão congelado! A primavera chegou. Quando você irá florescer senão aqui e agora?" As palavras de Thich Nhat Hanh entraram em mim como um *koan* zen: Fale-me do indizível, e não com palavras. "Fale-me de Deus!" Este é o desafio que Thich Nhat Hanh nos apresenta: Tornem-se vivos, realmente vivos!

Irmão David Steindl-Rast, OSB

Big Sur, Califórnia

Domingo da Santíssima Trindade 1995

Introdução

Em *Viver Buda, viver Cristo* Thich Nhat Hanh expressa um profundo respeito e apreço por muitos elementos da tradição cristã – não só pelos ensinamentos de Jesus, mas até pelo conceito da Trindade e pelas possibilidades de experimentar o amor e a compaixão que muitos cristãos e algumas comunidades cristãs oferecem. Felizmente para seus leitores, porém, Thich Nhat Hanh não assume o caminho mais fácil da discussão ecumênica ignorando as divergências. Ele aponta também elementos da tradição cristã que fomentam a intolerância religiosa e levam ao ódio religioso. Thich Nhat Hanh fala disto a partir de sua própria experiência. Desde o tempo em que os franceses colonizadores do Vietnã se aliaram aos esforços missionários cristãos para a crise de 1963, quando o presidente Diêm aprovou uma lei que proibia seu povo de celebrar o feriado nacional budista, muitos vietnamitas associaram compreensivelmente o cristianismo às tentativas estrangeiras de estabelecer uma dominação política e cultural.

Com sua franqueza característica, Thich Nhat Hanh vai ao âmago da questão. Após examinar os paralelos entre a teologia da Trindade e o conceito budista de "interser", ele questiona o homem considerado por milhões como o principal expoente da tradição cristã – o papa João Paulo II. Em seu livro *Cruzando o limiar da esperança*, de 1994, João Paulo II afirma:

> Cristo é absolutamente original e absolutamente único. Se ele fosse apenas um sábio como Sócrates, se fosse um "profeta" como Maomé, se fosse "iluminado" como Buda, sem nenhuma dúvida não seria o que ele é. Ele é o único mediador entre Deus e a humanidade.

Citando esta passagem, Thich Nhat Hanh comenta:

> Esta afirmação não parece refletir o mistério profundo da unidade da Trindade. Também não reflete o fato de que Cristo é também o Filho do Homem. Todos os cristãos, quando rezam a Deus, dirigem-se a ele como Pai. Evidentemente Cristo é único. Mas quem não é único? Sócrates, Maomé, o Buda, você e eu somos todos únicos. A ideia por trás da afirmação do papa, no entanto, é a noção de que o cristianismo proporciona o único caminho de salvação e de que todas as outras religiões são inúteis. Esta atitude exclui o diálogo e fomenta intolerância religiosa e a discriminação. Isso não ajuda.

Como pessoa empenhada em estudar a tradição cristã e que também participa da prática cristã, concordo com Thich Nhat Hanh nesta e em quase todas as passagens importantes de *Viver Buda, viver Cristo*. No entanto, minha concordância não provém de uma imersão na tradição budista – pelo contrário, provém do exame da história mais antiga do cristianismo. Como estudante do curso de pós-graduação, fiquei surpresa ao ficar sabendo de uma descoberta que ainda está transformando nossa compreensão do cristianismo – e de seu misterioso fundador. Em 1947, quando um aldeão beduíno chamado Mohammed Ali estava escavando em busca de fertilizante de calcário sob um penhasco próximo da cidade de Nag Hammadi no Alto Egito, ele golpeou algo subterrâneo. Momentos depois ele desenterrou uma jarra de cerâmica lacrada, de quase dois metros de altura, e dentro estavam treze códices antigos, encadernados em couro de gazela. A coleção incluía um surpreendente número de antigos evangelhos cristãos e outros escritos, entre os quais conversações, visões e diálogos atribuídos a Jesus e a seus discípulos. Um desses escritos foi o Evangelho de Tomé, que segundo Helmut Koester, professor de Novo Testamento na Universidade de Harvard, data de 50 d.C. – cerca de vinte anos antes de qualquer evangelho do Novo Testamento. Outros foram o Evangelho de Filipe, o Diálogo do Salvador, o Livro Secreto de João e o Apocalipse de Paulo – cerca de cinquenta e dois textos ao todo. Os livros foram aparentemente salvos da biblioteca do mais antigo mosteiro cristão do Egito, depois de o arcebispo de Alexandria ordenar que os monges destruíssem todos os livros considerados "heréticos" – ou seja, fontes cristãs não endossadas pelas autoridades clericais.

Passando destes textos cristãos gnósticos para a obra de Thich Nhat Hanh, sinto-me num território familiar. Durante a era formativa do movimento cristão (50-150 d.C.), muitos cristãos falavam a partir de uma perspectiva semelhante à de Thich Nhat Hanh, vendo Jesus como alguém por meio do qual o divino se manifestou, e por meio de cujo exemplo e ensinamento eles podiam esperar uma iluminação semelhante. Mas a maioria dos líderes da Igreja cristã rejeitou este ensinamento, não apenas por causa da "blasfêmia" de convidar cada discípulo a identificar-se com o próprio Cristo, mas também por ensinar o que poderia mostrar-se confuso ou desestabilizador para muitos membros da Igreja.

Analisando estas fontes, ocultas por longo tempo, descobrimos que o movimento cristão primitivo continha uma diversidade muito maior de pontos de vista e de práticas do que a maioria dos cristãos posteriormente conheceu ou mesmo imaginou. Basta apenas escutar as palavras do Evangelho de Tomé para ouvir como ele repercute a tradição budista:

> Disse Jesus: "Se vossos guias vos afirmarem: 'eis que o Reino está no Céu', então as aves estarão mais perto do Céu do que vós; se vos disserem: 'eis que ele está no mar', então os peixes já o conhecem... Pelo contrário, o Reino está dentro de vós e, também, fora de vós. Quando vos conhecerdes a vós mesmos, então sereis conhecidos e sabereis que *sois os filhos do Pai, o Vivente*; mas se não vos conhecerdes, então estareis na ilusão e sereis ilusão" (ênfase acrescentada).

De acordo com o Evangelho de Tomé, esse "Jesus vivo" oferece realmente acesso a Deus; mas, em vez de afirmar que ele é o "Filho *unigênito* de Deus" (como insistirá mais tarde o Evangelho de João), ele revela que "vós sois os filhos de Deus". Este evangelho é atribuído a "Tomé o gêmeo (Dídimo)". O nome Tomé na literatura hebraica significa "gêmeo". Jesus teve, então, um irmão gêmeo? Eu sugiro, ao contrário, que este atributo, entendido simbolicamente, orienta o leitor a descobrir que ele – ou ela – é na verdade, num nível profundo, "gêmeo/a" de Jesus – e colega de Deus. Mais para o fim do evangelho, Jesus fala diretamente a Tomé:

> Quem bebe da minha boca *tornar-se-á como eu e eu serei ele*; e as coisas ocultas ser-lhe-ão reveladas (ênfase acrescentada).

De acordo com o Livro de Tomé o Adversário, outro texto da mesma descoberta, Jesus se dirige a Tomé – ou seja, ao leitor – com as seguintes palavras:

> Já que foi dito que você é meu gêmeo e meu verdadeiro companheiro, não lhe convém ser ignorante de você mesmo. Portanto, enquanto você me acompanha, embora ainda não o compreenda, você já chegou a conhecer e será chamado "aquele que se conhece". Porque todo aquele que não se conheceu a si mesmo não conhece nada; mas aquele que se conheceu já compreendeu a profundidade de todas as coisas.

Enquanto os evangelhos do Novo Testamento falam de Jesus como a única porta da salvação, o único caminho ("Eu sou o caminho. [...] Ninguém pode chegar ao Pai senão por mim" [Jo 14,6]), outro destes textos, os Ensinamentos de Silvano, fala de maneira bastante diferente:

> Bata em você mesmo como numa porta, e ande sobre você mesmo como numa estrada reta. Porque, se você andar nessa estrada, você não se extraviará. E se você bater naquela porta, o que você abre se abrirá para você.

Os antigos evangelhos tendem a apontar, para além da fé, um caminho de busca solitária para encontrar a compreensão ou gnose (gnosis). O Evangelho de Tomé reconhece que essa exploração é ao mesmo tempo frustrante, perturbadora e surpreendente:

> Aquele que procura, continue sempre em busca até que tenha encontrado; e, quando tiver encontrado, sentir-se-á perturbado; sentindo-se perturbado, ficará maravilhado, e reinará sobre Tudo.

Este evangelho adverte, também, que o que está em jogo é o mais profundo bem-estar da pessoa, ou então sua destruição:

> Jesus disse: "Se derdes à luz o que possuís dentro de vós, o que possuís dentro de vós vos salvará. Se não derdes à luz o que está dentro de vós, o que não derdes à luz vos destruirá".

Embora os líderes da Igreja tenham também acusado os cristãos gnósticos de elitismo espiritual e de solipsismo, as fontes descobertas em Nag Hammadi, assim como as fontes budistas, orientam o discípulo para a compaixão amorosa para com os outros: De acordo com o Evangelho de Tomé, Jesus diz: "Ama teu irmão como a pupila de teu olho". O Evangelho gnóstico da Verdade exorta o ouvinte:

> Falai a respeito da verdade aos que a buscam e falai do conhecimento aos que, no seu erro, cometeram pecados. Firmai os pés dos que tropeçaram; concedei repouso aos que estão cansados; erguei os que querem levantar-se; e despertai os que dormem.

Enquanto lia *Viver Buda, viver Cristo*, perguntei-me: Será que Thich Nhat Hanh conhece o Evangelho de Tomé e outras fontes gnósticas, ou optou pela expressão "Cristo vivo" – uma expressão característica dos textos gnósticos do Novo Testamento – por uma espécie de intuição espiritual? Em ambos os casos, os que estão mais familiarizados do que eu com a tradição budista, e especialmente os que são mais experientes na meditação e na contemplação, certamente notarão nestas fontes cristãs antigas muito mais ressonâncias do que eu posso mencionar aqui. O estudo comparativo do budismo e do cristianismo (gnóstico) antigo mal e mal começou. A publicação de *Viver Buda, viver Cristo* representa um momento oportuno para aprofundar nossa compreensão.

Elaine Pagels

Princeton, Nova Jersey

23 de junho de 1995

1

Tranquilizai-vos e reconhecei

Vida religiosa é vida

Há vinte anos, numa conferência de teólogos e professores de religião que frequentei, um amigo cristão indiano disse à assembleia: "Vamos ouvir a respeito das belezas de diversas tradições, mas isto não significa que vamos fazer uma salada de frutas". Quando chegou minha vez de falar, eu disse: "Uma salada de frutas pode ser deliciosa! Eu participei da Eucaristia com o Pe. Daniel Berrigan e nosso culto se tornou possível por causa dos sofrimentos que nós vietnamitas e americanos compartilhamos durante muitos anos". Alguns dos budistas presentes ficaram chocados ao ouvir que eu havia participado da Eucaristia e muitos cristãos pareciam realmente horrorizados. Para mim, vida religiosa é vida. Não vejo qualquer razão para gastar toda uma vida saboreando apenas um tipo de fruta. Nós humanos podemos nutrir-nos com os melhores valores de muitas tradições.

O Professor Hans Küng disse: "Enquanto não houver paz entre as religiões, não pode haver paz no mundo". As pessoas morrem e são mortas porque se apegam ferrenhamente às suas próprias crenças e ideologias. Quando acreditamos que a nossa fé é a única fé que contém a verdade, o resultado será certamente violência e sofrimento. O segundo preceito da Ordem do Interser, fundada na tradição budista zen durante a guerra no Vietnã, se ocupa com a renúncia às opiniões: "Não pense que o conhecimento que você possui agora é a verdade imutável e absoluta. Evite ser tacanho e aferrado às opiniões presentes. Aprenda e pratique o desapego no tocante a opiniões, a fim de estar aberto para receber os pontos de vista de outros". Para mim esta é a prática mais essencial da paz.

Diálogo: chave para a paz

Estive empenhado no trabalho pela paz por mais de trinta anos: combatendo a pobreza, a ignorância e as doenças; indo para o mar a fim de ajudar a resgatar os *boat people* (pessoas que saem de seu país em embarcações precárias em busca de asilo); evacuando os feridos das zonas de combate; reassentando refugiados; ajudando crianças famintas e órfãos; opondo-me a guerras; produzindo e disseminando literatura de paz; formando promotores da paz e assistentes sociais; e reconstruindo aldeias destruídas pelas bombas. Foi por causa da prática da meditação – parar, acalmar-se e olhar profundamente – que consegui alimentar e proteger as fontes de minha energia espiritual e continuar esse trabalho.

Durante a guerra no Vietnã, vi comunistas e anticomunistas matando-se e destruindo-se uns aos outros porque cada lado acreditava ter o monopólio da verdade. Muitos cristãos e budistas em nosso país estavam lutando uns contra os outros, em vez de trabalhar juntos para acabar com a guerra. Escrevi um folheto intitulado: "Diálogo: a chave para a paz", mas minha voz foi abafada por bombas, morteiros e gritaria. Um soldado americano que estava na parte traseira de um caminhão militar cuspiu na cabeça do meu discípulo, um jovem monge chamado Nhât Trí. O soldado deve ter pensado que nós budistas estávamos minando o esforço militar da América ou que meu discípulo era um comunista disfarçado. O irmão Nhât Trí ficou tão irritado que pensou em deixar o mosteiro e unir-se à Frente Nacional de Libertação. Por eu ter praticado a meditação, consegui ver que todos na guerra eram vítimas, que os soldados americanos enviados ao Vietnã para lançar bombas, matar e destruir estavam também sendo mortos e mutilados. Exortei o irmão Nhât Trí a lembrar-se que o soldado americano era também uma vítima de guerra, a vítima de uma visão errada e de uma política errada, e insisti que ele continuasse seu trabalho pela paz como monge. Ele conseguiu ver isso e se tornou um dos trabalhadores mais atuantes na Escola da Juventude Budista para Serviço Social.

Em 1966, cheguei à América do Norte para tentar ajudar a dissolver algumas das visões erradas que estavam na origem da guerra. Encontrei-me com centenas de indivíduos e pequenos grupos e também com membros do Congresso e com o Secretário da Defesa Robert McNamara. A visita foi organizada pela Associação de Reconciliação, uma organização interconfessional pela paz, e muitos cristãos atuantes me ajudaram nesses esforços, entre os quais o Dr. Martin Luther King Jr., o Pe. Thomas Merton e o Pe. Daniel Berrigan. Estes foram, com efeito, os americanos com quem achei mais fácil comunicar-me.

Entrando em contato com Jesus

Mas meu caminho para descobrir Jesus como um dos meus ancestrais espirituais não foi fácil. A colonização do meu país pelos franceses esteve profundamente ligada aos esforços dos missionários cristãos. No final do século XVII, Alexandre de Rhodes, um dos missionários mais atuantes, escreveu em seu *Catechismus in Octo Dies Divisus*: "Da mesma forma que, quando uma árvore estéril e amaldiçoada é derrubada, os ramos que ainda estão nela também cairão, assim também, quando o sinistro e enganoso Sakya [Buda] é derrotado, as falsidades idólatras que dele procedem serão também destruídas". Mais tarde, no final dos anos 1950 e início dos anos 1960, o arcebispo católico Ngo Dinh Thuc, em seus esforços para evangelizar o Vietnã, apoiou-se fortemente no poder político de seu irmão, o presidente Ngo Dinh Diêm. O decreto de 1963 do presidente Diêm, que proibiu a celebração do Wesak, o mais importante feriado nacional budista, foi a gota d'água que fez transbordar o copo. Dezenas de milhares de budistas leigos e ordenados organizaram manifestações em favor da liberdade religiosa, levando a um golpe de Estado que depôs o regime de Diêm. Nessa atmosfera de discriminação e injustiça contra os não cristãos, foi difícil para mim descobrir a beleza dos ensinamentos de Jesus.

Foi só mais tarde, por meio de amizades com mulheres e homens cristãos que encarnam realmente o espírito de compreensão e compaixão de Jesus, que consegui tocar as profundezas do cristianismo. No momento em que me encontrei com Martin Luther King Jr. tive certeza de que eu estava na presença de uma pessoa santa. Não apenas seu bom trabalho, mas também seu próprio ser, foram uma fonte de grande inspiração para mim. E outros, menos conhecidos, fizeram-me sentir que o Senhor Jesus está ainda aqui conosco. Hebe Kohlbrugge, uma bela mulher holandesa, que salvou a vida de milhares de judeus durante a Segunda Guerra Mundial, esteve tão empenhada em ajudar os órfãos vietnamitas e outras crianças desesperadamente necessitadas durante a guerra que, quando seu governo se recusou a apoiar este trabalho, devolveu as medalhas obtidas por seu trabalho na Segunda Guerra Mundial. O reverendo Heinz Kloppenburg, secretário-geral da Associação Alemã de Reconciliação, também apoiou nosso trabalho humanitário. Ele era tão afável e aberto que bastou eu dizer-lhe umas poucas palavras para ele compreender tudo imediatamente. Graças a homens e mulheres como esses, sinto que fui capaz de entrar em contato com Jesus Cristo e com sua tradição.

Comunicação real

Sobre o altar de meu eremitério na França encontram-se imagens de Buda e de Jesus e, cada vez que acendo o incenso, entro em contato com ambos, considerando-os meus ancestrais espirituais. Posso fazer isso por causa do contato com esses cristãos reais. Quando você entra em contato com alguém que representa autenticamente uma tradição, você não só entra em contato com a tradição dele, mas também com sua própria tradição. Esta qualidade é essencial para o diálogo. Quando os participantes estão dispostos a aprender uns dos outros, o diálogo ocorre pelo simples fato de estarem juntos. Quando os que representam uma tradição espiritual encarnam a essência de sua tradição, sua simples maneira de andar, sentar-se e sorrir revela muito acerca de sua tradição.

Com efeito, às vezes é mais difícil manter um diálogo com pessoas de nossa própria tradição do que com pessoas de outra tradição. A maioria de nós sofreu por sentir-se mal compreendida ou até traída por pessoas de nossa própria tradição. Mas, se irmãos e irmãs numa mesma tradição não conseguem entender-se e comunicar-se entre si, como poderão comunicar-se com pessoas de fora de sua tradição? Para o diálogo ser frutífero, precisamos viver profundamente nossa própria tradição e, ao mesmo tempo, ouvir profundamente os outros. Mediante a prática do olhar profundo e da escuta profunda, nós nos tornamos livres, capazes de ver a beleza e os valores presentes em nossa própria tradição *e* na tradição dos outros.

Muitos anos atrás reconheci que, com uma compreensão melhor da sua própria tradição, você desenvolve também maior respeito, consideração e compreensão pelos outros. Eu tinha um pensamento ingênuo, uma espécie de preconceito herdado de meus ancestrais. Eu pensava que, pelo fato de Buda ter pregado por quarenta e cinco anos e Jesus apenas por dois ou três, Buda deve ter sido um mestre mais consumado. Eu pensava daquela maneira porque não conhecia suficientemente bem os ensinamentos de Buda.

Certo dia, quando tinha trinta e oito anos de idade, Buda se encontrou com o rei Prasenjit de Kosala. O rei disse: "Reverendo, você é jovem e, no entanto, as pessoas o chamam de 'O mais alto Iluminado'. Existem em nosso país homens santos com oitenta e noventa anos de idade, venerados por muitas pessoas; e, no entanto, nenhum deles afirma ser o mais alto iluminado. Como pode um homem jovem como você ter semelhante pretensão?"

Buda respondeu: "Majestade, a iluminação não é uma questão de idade. Uma minúscula faísca tem o poder de reduzir a cinzas toda uma cidade. Uma pequena cobra venenosa pode matar vossa majestade num instante. Um príncipe criança tem a potencialidade de um rei. E um jovem monge tem a capacidade de tornar-se iluminado e mudar o mundo". Podemos aprender sobre os outros estudando-nos a nós mesmos.

Para qualquer diálogo entre tradições ser profundo, precisamos ter consciência dos aspectos positivos e também dos aspectos negativos de nossa tradição. No budismo, por exemplo, houve muitos cismas. Cem anos após a morte de Buda a comunidade de seus discípulos se dividiu em duas partes; em quatrocentos anos havia mais de vinte escolas; e desde então houve muitas mais. Felizmente estas separações, em sua maior parte, não foram dolorosas e o jardim do budismo está hoje cheio de muitas flores belas, cada escola representando uma tentativa de manter vivos os ensinamentos de Buda em novas circunstâncias. Os organismos vivos precisam mudar e crescer. Respeitando as diferenças em nossa própria Igreja e observando como essas diferenças se enriquecem mutuamente, nos tornamos mais abertos para apreciar a riqueza e diversidade das outras tradições.

Num verdadeiro diálogo, ambos os lados estão dispostos a mudar. Precisamos avaliar que a verdade pode ser recebida fora – e não apenas dentro – de nosso grupo. Se não acreditamos nisto, entrar em diálogo será uma perda de tempo. Se pensamos que temos o monopólio da verdade e ainda assim organizamos um diálogo, este não é autêntico. Precisamos pensar que, entrando em diálogo com a outra pessoa, temos a possibilidade de provocar uma mudança dentro de nós mesmos, que podemos tornar-nos mais profundos. O diálogo não é um meio para assimilação no sentido de que um lado se expande e incorpora o outro em seu "eu". O diálogo precisa ser praticado na base do "não-eu". Precisamos permitir que aquilo que é bom, belo e significativo na tradição do outro nos transforme.

Mas o princípio mais fundamental do diálogo interconfessional é que o diálogo precisa começar, em primeiro lugar, dentro da própria pessoa. Nossa capacidade de fazer as pazes com outra pessoa e com o mundo depende muito de nossa capacidade de fazer as pazes conosco mesmos. Se estamos em guerra com nossos pais, com nossa família, com nossa sociedade ou com nossa Igreja, existe provavelmente uma guerra em andamento dentro de nós também, de modo que o trabalho mais fundamental para a paz consiste em retornar a nós mesmos e criar harmonia entre os elementos do nosso interior – nossos sentimentos, nossas percepções e nossos estados mentais. Por isso a prática da meditação, o olhar profundamente, é tão importante. Precisamos reconhecer e aceitar os elementos conflitantes presentes em nós e suas causas subjacentes. Isso leva tempo, mas o esforço sempre produz frutos. Quando temos paz interior, é possível o diálogo real com os outros.

Interser

Nos Salmos se diz: "Tranquilizai-vos e reconhecei que eu sou Deus". "Tranquilizar-se" significa tornar-se sereno e concentrado. O termo budista é *samatha* (parar, acalmar-se concentrar-se). "Reconhecer" significa adquirir sabedoria, discernimento ou compreensão. O termo budista é *vipashyana* (discernimento, perspicácia ou olhar profundamente). "Olhar profundamente" significa observar algo ou alguém com tanta concentração que a distinção entre observador e observado desaparece. O resultado é o discernimento da verdadeira natureza do objeto. Quando olhamos para o âmago de uma flor, vemos nela nuvens, brilho do sol, minerais, tempo, a terra e tudo o que existe no cosmos. Sem nuvens não poderia haver chuva e não haveria flores. Sem tempo a flor não poderia desabrochar. Com efeito, a flor é feita totalmente de elementos não-flor; ela não tem existência individual independente. Ela "inter-é" com todas as outras coisas do universo. Interser é um termo novo, mas acredito que logo estará nos dicionários porque é uma palavra tão importante. Quando vemos a natureza do interser, dissolvem-se as barreiras entre nós e os outros e são possíveis paz, amor e compreensão. Sempre que existe compreensão nasce a compaixão.

Assim como a flor é feita apenas de elementos não-flor, assim também o budismo é feito apenas de elementos não-budistas, inclusive elementos cristãos; e o cristianismo é feito de elementos não-cristãos, inclusive elementos budistas. Temos raízes, tradições e maneiras de ser diferentes, mas compartilhamos as qualidades comuns do amor, da compreensão e da aceitação. Para nosso diálogo ser aberto, precisamos abrir nosso coração, deixar de lado nossos preconceitos, ouvir profundamente e representar honestamente o que sabemos e compreendemos. Para fazê-lo precisamos de certa quantia de fé. No budismo, fé significa confiança nas aptidões, nossas e dos outros, de despertar nossa mais profunda capacidade de amar e compreender. No cristianismo, fé significa confiança em Deus, Aquele que representa amor, compreensão, dignidade e verdade. Quando estamos tranquilos, olhando profundamente e tocando a fonte de nossa verdadeira sabedoria, tocamos o Buda vivo e o Cristo vivo presentes em nós e em cada pessoa com que nos encontramos.

Neste pequeno livro procurarei compartilhar algumas das minhas experiências e discernimentos de duas dentre as belas flores do mundo, o budismo e o cristianismo, de modo que, enquanto sociedade, possamos começar a dissolver nossas percepções erradas, transcender nossas opiniões erradas e ver-nos uns aos outros de maneiras novas e viçosas. Se pudermos entrar no século XXI [nota do trad.: o livro é de 1995] com este espírito de mútua compreensão e aceitação, nossos filhos e os filhos dos nossos filhos certamente se beneficiarão.

2

Consciência plena e o
Espírito Santo

A semente do Espírito Santo

Há um ano, em Florença, um sacerdote católico me disse que estava interessado em aprender mais sobre o budismo. Pedi-lhe que compartilhasse comigo sua compreensão do Espírito Santo e ele respondeu: "O Espírito Santo é a energia enviada por Deus". Sua declaração me deixou feliz. Confirmou meu sentimento de que a maneira mais segura de aproximar-se da Trindade é pela porta do Espírito Santo.

No budismo, nosso esforço consiste em praticar a consciência plena em todos os momentos – saber o que está acontecendo em nós e em torno de nós. Quando perguntaram a Buda: "Senhor, o que o Sr. e seus monges praticam?", ele respondeu: "Nós nos sentamos, nós caminhamos e nós comemos". O interrogador continuou: "Mas, Senhor, todos se sentam, caminham e comem". E Buda lhe disse: "Quando nós nos sentamos, *sabemos* que estamos sentados. Quando caminhamos, *sabemos* que estamos caminhando. Quando comemos, *sabemos* que estamos comendo". A maior parte do tempo nós estamos perdidos no passado ou arrebatados por projetos e interesses futuros. Quando estamos atentos, em contato profundo com o momento presente, podemos ver e ouvir profundamente; e os frutos são sempre compreensão, aceitação, amor e o desejo de aliviar o sofrimento e trazer alegria. Quando nossa bela criança desperta em nós e sorri, estamos completamente presentes para ela.

Para mim a consciência plena é muito semelhante ao Espírito Santo. Ambos são agentes de cura. Quando tem consciência plena, você tem amor e compreensão, enxerga mais profundamente e pode curar as feridas em sua própria mente. Buda foi chamado Rei dos Curadores. Na Bíblia, quando alguém toca Cristo, ele/a é curado. Não é apenas tocar uma veste que produz um milagre. Quando você toca a compreensão e o amor profundos, você é curado.

O Espírito Santo desceu sobre Jesus como uma pomba, penetrou nele profundamente e Jesus revelou a manifestação do Espírito Santo. Jesus curava tudo o que tocava. Tendo em si mesmo o Espírito Santo, seu poder de curador transformou muitas pessoas. Todas as escolas de cristianismo concordam neste ponto. Falei ao sacerdote que eu sentia que todos nós temos também em nós a semente do Espírito Santo, a capacidade de curar, transformar e amar. Quando tocamos a semente somos capazes de tocar Deus Pai e Deus Filho.

O momento presente

Tocar profundamente é uma prática importante. Nós tocamos com nossas mãos, com nossos olhos, com nossos ouvidos e também com nossa consciência plena. A primeira prática que aprendi como monge noviço foi inspirar e expirar conscientemente, tocar cada respiração com minha consciência plena, identificando a inspiração como inspiração e a expiração como expiração. Quando você pratica desta maneira, sua mente e seu corpo se alinham, seus pensamentos errantes param e você se encontra em sua melhor forma. A consciência plena é a substância de um Buda. Ao entrar profundamente neste momento, você vê a natureza da realidade e este discernimento liberta você do sofrimento e da confusão. A paz já está presente até certo ponto: o problema é se sabemos como entrar em contato com ela. A respiração consciente é a prática budista mais fundamental para entrar em contato com a paz. Eu gostaria de apresentar este breve exemplo:

> *Inspirando, eu acalmo meu corpo.*
> *Expirando, eu sorrio.*
> *Detendo-me no momento presente,*
> *eu sei que este é um momento maravilhoso.*

"Inspirando, eu acalmo meu corpo". Isto é como beber um copo de água fresca. Você sente o frescor permear seu corpo. Quando respiro e recito este verso, experimento realmente minha respiração acalmar meu corpo e minha mente. Na mediação budista, corpo e mente se tornam um.

"Expirando, eu sorrio". Um sorriso pode relaxar centenas de músculos do rosto e tornar-nos senhores de nós mesmos. Sempre que vemos uma imagem de Buda, ele está sempre sorrindo. Quando sorrimos com consciência plena, percebemos a maravilha de um sorriso.

"Detendo-me no momento presente". Recitamos este verso ao inspirar novamente e não pensamos em outra coisa. Sabemos exatamente onde estamos. Geralmente dizemos: "Vou esperar até terminar os estudos e obter meu Ph.D. e então estarei realmente vivo". Mas, quando obtivemos o título, dizemos: "Vou esperar até conseguir um emprego a fim de estar realmente vivo". Depois do emprego, precisamos de um carro, e depois do carro precisamos de uma casa. Não somos capazes de estar vivos no momento presente. Sempre adiamos o estar vivos para o futuro, não sabemos exatamente quando. É possível que nunca estaremos realmente vivos durante toda a nossa vida. A técnica, se devemos falar de uma técnica, consiste em *estar* no momento presente, estar consciente de que estamos aqui e agora, de que o único momento de estar vivo é o momento presente.

Quando expiramos, dizemos: "eu sei que este é um momento maravilhoso". Estar realmente aqui, agora, e desfrutar o momento presente é nossa tarefa mais importante.

Podemos até abreviar o verso para seis palavras. Ao inspirar, dizemos a nós mesmos: "Acalmar"; e, ao expirar, dizemos: "Sorrir". Ao inspirar novamente, dizemos: "Momento presente"; e, ao expirar, dizemos: "Momento maravilhoso". Praticar desta maneira pode ajudar-nos a entrar em contato com a paz imediatamente. Não precisamos esperar outras condições para estarmos presentes.

Eis outro exercício para ajudar-nos a entrar em contato com a paz e a serenidade:

Inspirando, estou consciente do meu coração.
Expirando, eu sorrio para o meu coração.
Juro comer, beber e trabalhar de maneiras
que preservem minha saúde e meu bem-estar.

No momento em que nos tornamos realmente conscientes do nosso coração, sentimos conforto e alívio imediatamente. Nosso coração esteve trabalhando dia e noite, bombando milhares de galões de sangue para alimentar todas as células do nosso corpo e preservar nossa paz; e sabemos que, se nosso coração parar de bater, morreremos. Mas mesmo assim não cuidamos muito bem do nosso coração. Comemos, bebemos e trabalhamos de maneiras que provocam tensão e estresse. Quando tocamos o coração com consciência plena, vemos claramente que um coração em boas condições é um elemento de paz e felicidade reais, e juramos viver de uma maneira que mantenha nosso coração em boas condições.

Fazer as pazes

Podemos praticar da mesma maneira com os olhos. Nossos olhos são maravilhosos, mas geralmente não lhes damos especial atenção. Todas as vezes que abrimos os olhos vemos milhares de formas e cores maravilhosas. Os que são cegos podem imaginar que, se pudessem recuperar a visão, estariam morando no paraíso; mas nós, que temos bons olhos, raramente gastamos tempo para apreciar que já estamos no paraíso. Se reservarmos um momento para tocar nossos olhos profundamente, veremos paz e alegria reais.

Tocando cada parte do nosso corpo com consciência plena, fazemos as pazes com nosso corpo e podemos fazer o mesmo com os nossos sentimentos. Existem dentro de nós muitos sentimentos e ideias conflitantes e é importante olharmos em profundidade e saber o que está acontecendo. Quando existem guerras dentro de nós, entraremos sem tardar em guerra com os outros, até com os que amamos. A violência, o ódio, a discriminação e o medo na sociedade regam as sementes da violência, do ódio, da discriminação e do medo em nós. Se voltarmos para nós mesmos e tocarmos nossos sentimentos, veremos as maneiras como fornecemos combustível para as guerras que acontecem em nosso interior. A meditação é, em primeiro lugar, um instrumento para vigiar nosso próprio território, a fim de podermos saber o que está acontecendo. Com a energia da consciência plena podemos acalmar as coisas, compreendê-las e trazer de volta harmonia aos elementos conflitantes presentes em nosso interior. Se pudermos aprender maneiras de tocar a paz, a alegria e a felicidade que já estão presentes, nos tornaremos sadios e fortes e um recurso para os outros.

Estou presente para você

O dom mais precioso que podemos oferecer aos outros é nossa presença. Quando nossa consciência plena abraça os que amamos, eles desabrocharão como flores. Se você ama alguém, mas raramente se torna disponível a ele/a, isto não é verdadeiro amor. Quando a pessoa que você ama está sofrendo, você precisa reconhecer seu sofrimento, sua ansiedade e suas preocupações; e, simplesmente fazendo isso, você já oferece algum alívio. A consciência plena alivia o sofrimento porque está repleta de compreensão e compaixão. Quando você está realmente presente, mostrando sua benevolência e compreensão, a energia do Espírito Santo está em você. Por isso eu disse ao sacerdote em Florença que a consciência plena é muito semelhante ao Espírito Santo. Ambos nos ajudam a tocar a dimensão última da realidade. A consciência plena nos ajuda a tocar o nirvana e o Espírito Santo nos abre uma porta para a Trindade.

A luz que revela

Quando João Batista ajudou Jesus a tocar o Espírito Santo, o céu se abriu e o Espírito Santo desceu como uma pomba e entrou na pessoa de Jesus. Ele foi para o deserto e praticou por quarenta dias para fortalecer o Espírito em si mesmo. Quando a consciência plena nasce em nós, precisamos continuar a praticar se queremos que ela se torne sólida. Ouvindo realmente um pássaro cantando ou vendo realmente um céu azul, nós tocamos a semente do Espírito Santo presente em nós. As crianças têm pouca dificuldade de reconhecer a presença do Espírito Santo. Jesus disse que, para entrar no Reino de Deus, precisamos tornar-nos como uma criança. Quando a energia do Espírito Santo está em nós, nós estamos realmente vivos, capazes de compreender o sofrimento dos outros e motivados pelo desejo de ajudar a transformar a situação. Quando a energia do Espírito Santo está presente, Deus Pai e Deus Filho estão presentes. Por isso eu disse ao sacerdote que tocar o Espírito Santo parece ser um caminho mais seguro para aproximar-se da Trindade.

Discutir sobre Deus não é a melhor maneira de utilizar nossa energia. Se tocamos o Espírito Santo, nós tocamos Deus não como um conceito, mas como uma realidade viva. No budismo nunca falamos sobre o nirvana, porque nirvana significa a extinção de todas as noções, conceitos e palavras. Nós praticamos tocando a consciência plena em nós mesmos mediante a meditação sentada, a meditação andando, o comer atento etc. Observamos e aprendemos a manusear nosso corpo, nossa respiração, nossos sentimentos, nossos estados mentais e nossa consciência. Vivendo atentamente, fazendo a luz de nossa consciência brilhar em tudo o que fazemos, tocamos o Buda e nossa consciência plena cresce.

Nosso verdadeiro lar

A palavra "Buda" vem da raiz *buddh*, que significa despertar. Um Buda é alguém que está desperto. Quando os budistas se saúdam uns aos outros, juntamos as palmas das mãos como uma flor de lótus, inspiramos e expiramos atentamente, nos inclinamos e dizemos em silêncio: "Um lótus para você, futuro Buda". Este tipo de saudação produz dois Budas ao mesmo tempo. Reconhecemos as sementes do despertar, Budidade, que estão na outra pessoa, seja qual for sua idade ou *status*. E praticamos a respiração atenta para tocar a semente da Budidade dentro de nós. Às vezes podemos tocar o Espírito Santo ou a Budidade quando estamos sozinhos, mas é mais fácil praticar numa comunidade. Naquela noite em Florença dei uma preleção na igreja daquele sacerdote e compareceram mais de mil pessoas. Havia um sentimento real de compreensão e comunidade.

Alguns meses mais tarde, após participar de um retiro em Plum Village [Aldeia das Ameixeiras], a comunidade de prática (*Sangha*) onde moro na França, um sacerdote católico da América do Norte me perguntou: "Thây, eu vejo o valor da prática da consciência plena. Saboreei a alegria, a paz e a felicidade dela. Apreciei os sinos, a caminhada, a meditação do chá e as refeições silenciosas. Mas como posso continuar a praticar quando eu retornar à minha igreja?"

Perguntei-lhe: "Existe um sino em sua igreja?"

Ele respondeu: "Sim".

"Você toca o sino?"

"Sim."

"Então use, por favor, seu sino como um sino da consciência plena, que chama você de volta para seu verdadeiro lar."

Quando eu era um jovem monge no Vietnã, cada templo de aldeia tinha um grande sino, semelhante aos que existem nas igrejas cristãs da Europa e da América. Sempre que o sino era convidado a soar (nos círculos budistas nunca dizemos "tocar" ou "badalar" um sino), todos os habitantes da aldeia interrompiam o que estavam fazendo e faziam uns momentos de pausa para inspirar e expirar com consciência plena. Em Plum Village, sempre que ouvimos o sino, fazemos a mesma coisa. Retornamos a nós mesmos e desfrutamos a nossa respiração. Ao inspirar, dizemos silenciosamente: "Ouça, ouça" e, ao expirar, dizemos: "Este som maravilhoso me traz de volta ao meu verdadeiro lar".

Nosso verdadeiro lar está no momento presente. O milagre não é o caminhar sobre a água. O milagre é caminhar sobre a terra verde no momento presente. A paz está ao nosso redor – no mundo e na natureza – e dentro de nós – em nosso corpo e em nosso espírito. Quando aprendermos a tocar esta paz, seremos curados e transformados. Não é uma questão de fé; é uma questão de prática. Basta apenas trazer nosso corpo e nossa mente para o momento presente, e tocaremos o que é restaurador, curador e maravilhoso.

Eu perguntei ao sacerdote: "Em sua igreja você compartilha às vezes uma refeição? Você tem chá e biscoitos?"

"Sim."

"Por favor, faça-o com consciência plena. Se você o fizer, não haverá nenhum problema. Quando a consciência plena está em você, o Espírito Santo está em você, e seus amigos o verão, não apenas pelo que você diz, mas através de todo o ser de você."

3

A PRIMEIRA CEIA

Ser grato

Durante uma conferência sobre religião e paz, um ministro protestante se aproximou de mim no final de uma das nossas refeições em comum e disse: "Você é uma pessoa grata?" Fiquei surpreso. Eu estava comendo devagar e pensei comigo: Sim, sou uma pessoa grata. O ministro continuou: "Se você é realmente grato, por que não acredita em Deus? Deus criou tudo o que desfrutamos, inclusive o alimento que comemos. Já que você não acredita em Deus, você não é grato por nada". Eu pensei comigo: Sinto-me extremamente grato por tudo. Cada vez que toco o alimento, sempre que vejo uma flor, quando respiro o ar fresco, sempre me sinto grato. Por que ele diz que não o sou? Tive em mente este incidente muitos anos depois, quando propus a amigos em Plum Village que celebrássemos, a cada ano, o Dia de Ação de Graças budista. Nesse dia, praticamos a real gratidão – agradecendo a nossas mães, pais, ancestrais, amigos e a todos os seres por tudo. Se você encontrar aquele ministro protestante, espero que lhe diga que nós não somos ingratos. Somos profundamente gratos por todos e por tudo.

Cada vez que fazemos uma refeição, a gratidão é nossa prática. Somos gratos por estarmos juntos como comunidade. Somos gratos por termos alimento para comer e desfrutamos realmente o alimento e a presença uns dos outros. Sentimo-nos gratos ao longo da refeição e ao longo do dia, e expressamos isto estando plenamente conscientes do alimento e vivendo profundamente cada momento. É assim que procuro expressar minha gratidão por toda a vida.

Examinando cuidadosamente nosso alimento

Comer com atenção é uma prática importante. Ela nutre a consciência em nós. As crianças são muito capazes de praticar conosco. Nos mosteiros budistas fazemos nossas refeições em silêncio, para tornar mais fácil concentrar nossa plena atenção no alimento e nos outros membros da comunidade que estão presentes. E mastigamos cada pedaço de alimento cuidadosamente, pelo menos trinta vezes, para ajudar-nos a estar realmente em contato com ele. Comer desta maneira é bom para a digestão.

Antes de cada refeição um monge ou uma monja recita as Cinco Contemplações: "Este alimento é o dom de todo o universo – a terra, o céu e muito trabalho árduo. Oxalá possamos viver de uma maneira que seja digna deste alimento. Oxalá transformemos nossos estados mentais toscos, especialmente o da ganância. Oxalá comamos apenas alimentos que nos nutrem e previnem a doença.

Oxalá aceitemos este alimento para perceber a maneira de compreender e amar".

Então podemos olhar profundamente para o alimento, de uma maneira que lhe permita tornar-se real. Contemplar com consciência plena nosso alimento antes de comer pode ser uma fonte real de felicidade. Cada vez que seguro uma tigela de arroz, sei o quanto sou afortunado. Sei que quarenta mil crianças morrem diariamente por falta de alimento e que muitas pessoas estão sozinhas, sem amigos ou família. Eu os visualizo e sinto profunda compaixão. Não é preciso estar num mosteiro para praticar isto. Pode-se praticar em casa à mesa do jantar. Comer atentamente é uma maneira maravilhosa de nutrir compaixão e nos estimula a fazer algo para ajudar os que se encontram famintos e sozinhos. Não devemos ter medo de comer sem ter a televisão, o rádio, o jornal ou uma conversa complicada para nos distrair. Com efeito, é maravilhoso e prazeroso estar totalmente presente com o nosso alimento.

Vivendo na presença de Deus

Na tradição judaica, a sacralidade da hora da refeição é muito enfatizada. Você cozinha, senta-se à mesa e come na presença de Deus. "Piedade" é uma palavra importante no judaísmo, porque a vida inteira é um reflexo de Deus, a fonte infinita de santidade. O mundo inteiro, todas as coisas boas na vida, pertencem a Deus; por isso, quando você desfruta algo, você pensa em Deus e o desfruta em sua presença. Isto está muito próximo do apreço budista pelo interser e pela interpenetração. Quando você acorda, você está consciente de que Deus criou o mundo. Quando você vê os raios do sol entrando pela janela, você reconhece a presença de Deus. Quando você se levanta e seus pés tocam o chão, você sabe que a terra pertence a Deus. Quando você lava o rosto, você sabe que a água é Deus. A piedade é o reconhecimento de que tudo está conectado com a presença de Deus em cada momento. O Seder [refeição cerimonial] da Páscoa judaica, por exemplo, é uma refeição ritual para celebrar a libertação dos israelitas do cativeiro do Egito e seu regresso para casa. Durante a refeição, certos legumes e ervas, sal e outros condimentos nos ajudam a contactar o que aconteceu no passado – o que foi nosso sofrimento e o que foi nossa esperança. Esta é uma prática da consciência plena.

O pão que comemos é o cosmos inteiro

O cristianismo é uma espécie de continuação do judaísmo, como o é o islamismo. Todos os ramos pertencem à mesma árvore. No cristianismo, quando celebramos a Eucaristia, compartilhando o pão e o vinho como corpo de Deus, nós o fazemos no mesmo espírito de piedade, de consciência plena, conscientes de que estamos vivos, sentindo prazer em viver no momento presente. A mensagem de Jesus durante o Seder, que se tornou conhecido como Última Ceia, foi clara. Seus discípulos o haviam acompanhado. Tiveram a oportunidade de olhá-lo nos olhos e vê-lo em pessoa, mas parece que ainda não haviam entrado em contato real com a maravilhosa realidade de seu ser. Por isso, ao partir o pão e derramar o vinho na taça, Jesus disse:

Isto é o meu corpo. Isto é o meu sangue. Comei, bebei, e tereis a vida eterna. Foi uma maneira drástica de despertar seus discípulos da negligência.

Quando olhamos em volta, vemos muitas pessoas nas quais não parece morar o Espírito Santo. Elas parecem mortas, como se estivessem arrastando um cadáver, seu próprio corpo. A prática da Eucaristia consiste em ajudar a ressuscitar essas pessoas para que possam entrar em contato com o Reino da Vida. Na Igreja, a Eucaristia é recebida em cada missa. Representantes da Igreja leem uma passagem bíblica sobre a Última Ceia de Jesus com seus doze apóstolos, e compartilha-se um tipo especial de pão chamado hóstia. Cada um participa como uma maneira de receber em seu próprio corpo a vida de Cristo. Quando um sacerdote celebra o rito eucarístico, seu papel consiste em trazer vida à comunidade. O milagre acontece não porque ele pronuncia as palavras corretamente, mas porque nós comemos e bebemos com consciência plena. A comunhão é um forte sino da consciência plena. Nós comemos e bebemos o tempo inteiro, mas geralmente ingerimos apenas nossas ideias, nossos projetos, nossas preocupações e nossa ansiedade. Não comemos realmente nosso pão ou bebemos nossa bebida. Se nos permitimos tocar nosso pão profundamente, nós renascemos, porque nosso pão é a própria vida. Comendo-o profundamente, nós tocamos o sol, as nuvens, a terra e todas as coisas do cosmos. Tocamos a vida e tocamos o Reino de Deus. Quando perguntei ao cardeal Daniélou se a Eucaristia pode ser descrita dessa forma, ele disse que sim.

O corpo da realidade

É irônico que, quando se reza a missa hoje, muitos membros da congregação simplesmente não são chamados à consciência plena. Ouviram as palavras tantas vezes que ficam simplesmente um pouco distraídos. Era exatamente isto que Jesus procurava superar quando disse: "Isto é o meu corpo. Isto é o meu sangue". Quando estamos realmente presentes, vivendo profundamente no momento presente, podemos ver que o pão e o vinho são realmente o corpo e o sangue de Cristo e que as palavras do sacerdote são realmente as palavras do Senhor. O corpo de Cristo é o corpo de Deus, o corpo da realidade última, o fundamento de toda existência. Não precisamos procurá-lo em outro lugar. Ele reside no fundo do nosso próprio ser. O rito eucarístico nos estimula a sermos plenamente conscientes, de modo a tocarmos o corpo da realidade em nós. Pão e vinho não são símbolos. Eles contêm a realidade, exatamente como nós a contemos.

Tudo é fresco e novo

Quando budistas e cristãos se reúnem, deveríamos compartilhar uma refeição com consciência plena como uma prática profunda de Comunhão. Quando apanhamos um pedaço de pão, podemos fazê-lo com consciência plena, com Espírito. O pão, a hóstia, se torna o objeto de nosso profundo amor e concentração. Se nossa concentração não for suficientemente sólida, podemos tentar dizer seu nome em silêncio: "Pão", da maneira como pronunciaríamos o nome de nosso amado. Quando fazemos isto, o pão se revelará a nós em sua totalidade e podemos pô-lo na nossa boca e mastigá-lo com consciência real, não mastigando outras coisas, como nossos pensamentos, nossos medos ou mesmo nossas aspirações. Isto é Santa Comunhão, viver na fé. Quando praticamos desta maneira, cada refeição é a Última Ceia. Na verdade, poderíamos denominá-la Primeira Ceia, porque tudo é fresco e novo.

Quando comemos juntos desta maneira, o alimento e a comunidade de copraticantes são os objetos de nossa consciência plena. É por meio do alimento e da presença comum que a realidade última se torna presente. Comer atentamente um pedaço de pão ou uma tigela de arroz e ver que cada bocado é um dom de todo o universo é viver profundamente. Não precisamos distrair-nos do alimento, mesmo ouvindo escrituras ou as vidas de bodhisattvas ou santos. Quando a consciência plena está presente, o Buda e o Espírito Santo já estão presentes.

4

Viver Buda, viver Cristo

Sua vida e seu ensinamento

Existe uma ciência chamada budologia: o estudo da vida do Buda. Enquanto pessoa histórica, Buda nasceu em Kapilavastu, perto da fronteira entre a Índia e o Nepal, casou-se, teve um filho, abandonou o lar, praticou muitos tipos de meditação, tornou-se iluminado e compartilhou o ensinamento até morrer com a idade de oitenta anos. Mas existe também o Buda dentro de nós, que transcende o espaço e o tempo. Este é o Buda vivo, o Buda da realidade última, aquele que transcende todas as ideias e noções e nos está disponível a qualquer momento. O Buda vivo não nasceu em Kapilavastu, nem morreu em Kushinagar.

Cristologia é o estudo da vida de Cristo. Quando falamos sobre Cristo precisamos também saber se nos referimos ao Jesus histórico ou ao Jesus vivo. O Jesus histórico nasceu em Belém, era filho de um carpinteiro, deixou sua terra natal, tornou-se um mestre e foi crucificado com a idade de trinta e três anos. O Jesus vivo é o Filho de Deus que foi ressuscitado e continua vivendo. No cristianismo, você precisa acreditar na ressurreição ou você não é considerado cristão. Receio que esse critério possa desestimular algumas pessoas de examinar cuidadosamente a vida de Jesus. É uma pena, porque podemos apreciar Jesus como uma porta histórica e ao mesmo tempo como uma porta última.

Quando examinamos e tocamos profundamente a vida e o ensinamento de Jesus, podemos penetrar a realidade de Deus. Amor, compreensão, coragem e aceitação são expressões da vida de Jesus. Deus se tornou conhecido a nós por meio de Jesus Cristo. Com o Espírito Santo e o Reino de Deus presentes nele, Jesus tocou as pessoas de seu tempo. Falou com prostitutas e cobradores de impostos e teve a coragem de fazer tudo o que era necessário para curar sua sociedade. Enquanto filho de Maria e José, Jesus é o Filho da mulher e Filho do homem. Enquanto alguém animado pela energia do Espírito Santo, ele é o Filho de Deus. Para um budista não é difícil aceitar o fato de Jesus ser o Filho do Homem e o Filho de Deus. Podemos ver a natureza da não dualidade em Deus Filho e Deus Pai, porque, sem Deus Pai nele, o Filho nunca poderia existir. Mas no cristianismo geralmente Jesus é considerado o único Filho de Deus. Penso que é importante examinar profundamente cada ato e cada ensinamento de Jesus durante sua vida e utilizar isto como um modelo para nossa própria prática. Jesus viveu exatamente como ele ensinou; por isso, estudar a vida de Jesus é crucial para compreender seu ensinamento. Para mim a vida de Jesus é seu ensinamento mais fundamental, mais importante até do que a fé na ressurreição ou a fé na eternidade.

A consciência plena é o Buda

O Buda foi um ser humano que foi despertado e, assim, já não está limitado pelas muitas aflições da vida. Mas, quando alguns budistas dizem que acreditam no Buda, eles estão expressando sua fé nos maravilhosos Budas universais, e não no ensinamento ou na vida do Buda histórico. Eles acreditam na magnificência do Buda e sentem que isto basta. Mas os exemplos da vida concreta de Buda e de Jesus são de máxima importância, porque, como seres humanos, eles viveram de maneiras como nós também podemos viver.

Quando lemos: "O céu se abriu e o Espírito Santo desceu sobre ele como uma pomba", podemos ver que Jesus já era iluminado. Ele estava em contato com a realidade da vida, com a fonte da consciência plena, com a sabedoria e com a compreensão presentes nele; e isto o tornou diferente dos outros seres humanos. Quando nasceu na família de um carpinteiro, Jesus era o Filho do Homem. Quando abriu seu coração, a porta do céu se abriu para ele. O Espírito Santo desceu sobre ele como uma pomba e ele foi manifestado como o Filho de Deus – realmente santo, realmente profundo, realmente grande. Mas o Espírito Santo não é apenas para Jesus; ele é para todos nós. A partir de uma perspectiva budista, quem não é filho ou filha de Deus? Sentado à sombra da árvore Bodhi, muitas sementes maravilhosas e santas desabrocharam em Buda. Ele era humano, mas ao mesmo tempo tornou-se uma expressão do espírito mais elevado da humanidade. Quando estamos em contato com o espírito mais elevado em nós mesmos, nós também somos um Buda, repletos do Espírito Santo, e nos tornamos realmente tolerantes, realmente abertos, realmente profundos e realmente compreensivos.

Mais portas para as futuras gerações

Mateus descreveu o Reino de Deus como semelhante a um minúsculo grão de mostarda. Isto significa que a semente do Reino de Deus está dentro de nós. Se soubermos como plantar essa semente no solo úmido de nossa vida diária, ela crescerá e se tornará um grande arbusto no qual muitos pássaros podem buscar refúgio. Não precisamos morrer para chegar às portas do céu. Na verdade, precisamos estar realmente vivos. A prática consiste em tocar a vida profundamente, de modo que o Reino de Deus se torne uma realidade. Isto não é uma questão de devoção. É uma questão de prática. O Reino de Deus está disponível aqui e agora. Muitas passagens dos Evangelhos apoiam esta visão. Na oração do Senhor lemos que nós não *vamos* ao Reino de Deus, mas o Reino de Deus vem até nós: "Venha o teu reino..." Jesus disse: "Eu sou a porta". Ele se descreve como a porta da salvação e da vida eterna, a porta para o Reino de Deus. Por Deus Filho ser feito da energia do Espírito Santo, ele é a porta para entrarmos no Reino de Deus.

Também Buda é descrito como uma porta, como um mestre que nos mostra o caminho nesta vida. No budismo essa porta especial é profundamente apreciada, porque essa porta nos permite entrar no domínio da consciência plena, da benevolência, da paz e da alegria. Mas diz-se que existem 84.000 portas do *Dharma*, portas do ensinamento. Se você for suficientemente afortunado de encontrar uma porta, não seria exatamente budista dizer que a porta de você é a única porta. Com efeito, precisamos abrir mais portas ainda para as gerações futuras. Não deveríamos recear mais portas do Dharma – mais precisamente, deveríamos recear que não sejam abertas mais portas. Seria uma pena para os nossos filhos e para os filhos dos nossos filhos se nos contentássemos apenas com as 84 mil portas já disponíveis. Todos nós, por nossa prática e por nossa benevolência, somos capazes de abrir novas portas do Dharma. A sociedade está mudando, as pessoas estão mudando, as condições econômicas e políticas não são as mesmas que existiam no tempo de Buda ou de Jesus. Buda confia em nós para que o Dharma continue a desenvolver-se como organismo vivo – não um Dharma bolorento, mas um *Dharmakaya* real, um "corpo de ensinamento" real.

A mãe de todos os Budas

Buda disse que seu corpo de Dharma é mais importante do que seu corpo físico. Ele quis dizer que nós precisamos praticar o Dharma para tornar o nirvana disponível aqui e agora. O Dharma vivo não é uma biblioteca de escrituras ou de gravações de preleções ou sermões inspiradores. O Dharma vivo é a consciência plena, manifestada na vida diária de Buda e na vida diária de você também. Quando vejo você andando atentamente, eu toco a paz, a alegria e a presença profunda do seu ser. Quando você cuida bem de seus irmãos e irmãs, reconheço o Dharma vivo em você. Se você é plenamente atento, o Dharmakaya é fácil de tocar.

O Buda descreveu a semente da consciência plena presente em cada um de nós como sendo o "útero do Buda" (*tathagatagarbha*). Todos nós somos mães de Buda, porque estamos todos grávidos do potencial do despertar. Se soubermos como cuidar do nosso menino Buda praticando a consciência plena em nossa vida diária, algum dia o Iluminado se revelará a nós. Os budistas consideram Buda um mestre e um irmão, não um deus. Todos nós somos irmãos e irmãs de Buda no Dharma. Dizemos também que a *Prajñaparamita* (Perfeição da Sabedoria) é a mãe de todos os Budas. Historicamente, no protestantismo, o lado feminino de Deus foi minimizado e Deus Pai foi enfatizado, mas no catolicismo existe uma grande devoção a Maria, a Mãe de Deus. Na verdade, "pai" e "mãe" são dois aspectos da mesma realidade. O pai expressa mais o lado da sabedoria ou compreensão e a mãe expressa mais o lado do amor ou compaixão. No budismo a compreensão (*prajña*) é essencial para o amor (*maitri*). Sem compreensão não pode haver verdadeiro amor e sem amor não pode haver verdadeira compreensão.

A filha de Deus

Diz-se que Buda tem dez nomes, cada um descrevendo uma qualidade auspiciosa. O primeiro nome, *Tathagata*, significa "aquele que veio a nós pelo caminho reto", "aquele que vem da realidade maravilhosa da vida e retornará a essa realidade maravilhosa" e "aquele que veio da talidade, permanece na talidade e retornará à talidade". "Talidade" (*suchness*) é um termo budista que sugere a verdadeira natureza das coisas, ou realidade última. É a substância ou fundamento do ser, assim como a água é a substância das ondas. Assim como Buda, nós também viemos da talidade, permanecemos na talidade e retornaremos à talidade. Nós viemos de lugar nenhum e não temos para onde ir.

Um sutra budista nos diz que, quando as condições são suficientes, nós vemos as formas e, quando as condições não são suficientes, não as vemos. Quando todas as condições estão presentes, os fenômenos podem ser percebidos por nós e assim nos são revelados como existentes. Mas, quando falta uma destas condições, não podemos perceber os mesmos fenômenos, e assim eles não nos são revelados e nós dizemos que eles não existem. Mas isto não é verdade. Em abril, por exemplo, não podemos ver girassóis em volta de Plum Village, nossa comunidade no Sudoeste da França, de modo que poderíamos dizer que os girassóis não existem. Mas os agricultores locais já plantaram milhares de sementes e, quando olham para as colinas desertas, eles já veem girassóis. Os girassóis *estão ali*. Faltam-lhes apenas as condições de sol, calor, chuva e o mês de julho. O simples fato de não podermos vê-los não significa que os girassóis não existem. Da mesma maneira dizemos que o Tathagatha não vem de um lugar qualquer nem irá para um lugar qualquer. Ele vem da realidade última e retornará à realidade última, não limitado por espaço e tempo. Se você caminhar pelos campos próximos a Plum Village em abril e lhes pedir que lhe revelem a dimensão última da realidade, o Reino de Deus, os campos se cobrirão repentinamente de belos girassóis dourados. Quando São Francisco olhou para a amendoeira no inverno e pediu-lhe que ela lhe falasse de Deus, a árvore cobriu-se instantaneamente de flores.

O segundo nome do Buda é *Arhat*, "alguém que é digno de todo respeito e apoio". O terceiro é *Samyaksambuddha*, "alguém que é perfeitamente iluminado". O quarto é *Vidyacaranasampana*, "alguém que é dotado de discernimento e conduta". O quinto é *Sugata*, "alguém que percorreu alegremente o caminho". O sexto é *Lokavidu*, "alguém que conhece bem o mundo". O sétimo é *Anuttarapurusadamyasarathi*, "o líder inigualável dos que serão treinados e instruídos". O oitavo é *Sastadevamanusyanam*, "mestre dos deuses e dos humanos". O nono é *Buddha*, "o iluminado". O décimo é *Bhagavat*, "o bem-aventurado". Cada vez que nos refugiamos no Buda, nós nos refugiamos naquele que tem estes dez atributos, que se encontram no âmago da natureza humana. Siddhartha não é o único Buda. Todos os seres no mundo animal, vegetal e mineral são Budas potenciais. Todos nós contemos estas dez qualidades de um Buda no âmago de nosso ser. Se pudermos levar a cabo estas qualidades em nós mesmos, seremos respeitados e honrados por todas as pessoas.

Considero o rito do batismo uma maneira de reconhecer que cada ser humano, quando aberto ao Espírito Santo, é capaz de manifestar essas qualidades, que são também as qualidades de ser um filho ou filha de Deus. No budismo não falamos de pecado original, mas falamos de sementes negativas que existem em cada pessoa – sementes de ódio, cólera, ignorância, intolerância etc. – e dizemos que estas sementes podem ser transformadas quando tocamos as qualidades de um Buda, que são também sementes existentes dentro de nós. O pecado original pode ser transformado quando alguém está em contato com o Espírito Santo. Jesus é o Filho de Deus e o Filho do Homem. Todos nós somos, ao mesmo tempo, filhos e filhas de Deus e filhos dos nossos pais. Isso significa que somos da mesma realidade de Jesus. Isto pode soar herético para muitos cristãos, mas acredito que os teólogos que dizem que não somos filhos ou filhas de Deus precisam reconsiderar sua opinião. Jesus não é apenas nosso Senhor, mas é também nosso Pai, nosso Mestre, nosso Irmão e nosso Eu. O único lugar onde podemos tocar Jesus e o Reino de Deus é dentro de nós.

Nós continuamos a nascer

Quando celebramos o Natal ou o nascimento de Buda, celebramos a entrada de uma criança muito especial no mundo. O nascimento de Jesus e o nascimento de Buda são acontecimentos fundamentais na história humana. Poucos dias depois de Buda nascer, muitas pessoas em sua cidade de Kapilavastu vieram prestar-lhe homenagem, inclusive um velho sábio chamado Asita. Depois de contemplar o menino Buda, Asita começou a chorar. O rei, pai de Buda, ficou alarmado. "Santo homem, por que você está chorando? Alguma desgraça atingirá meu filho?" O santo homem respondeu: "Não, majestade. O nascimento do Príncipe Siddhartha é um acontecimento maravilhoso. Vosso filho se tornará um importante mestre mundial. Mas eu sou muito velho e não estarei mais aqui. Esta é a única razão para eu estar chorando".

Uma história semelhante aparece na Bíblia. Oito dias após o nascimento, o menino Jesus foi levado ao templo para a circuncisão. Quando um homem chamado Simeão olhou para ele, conseguiu ver que Jesus provocaria uma profunda mudança na vida da humanidade: "Quando se completaram os dias para a purificação dele, de acordo com a lei de Moisés, levaram-no a Jerusalém a fim de apresentá-lo ao Senhor [...] e oferecer em sacrifício, como vem dito na lei do Senhor, um par de rolas ou dois pombinhos. Ora, havia em Jerusalém um homem chamado Simeão, que era justo e piedoso; ele esperava a consolação de Israel e o Espírito Santo estava com ele. Fora-lhe revelado que não veria a morte antes de ver o Messias do Senhor. Guiado pelo espírito, Simeão veio ao Templo e, quando os pais trouxeram o menino Jesus para cumprir as prescrições da lei a seu respeito, ele o tomou nos braços e bendisse a Deus, dizendo: 'Agora, Senhor, podes despedir em paz teu servo, segundo a tua palavra, porque meus olhos viram a tua salvação, que preparaste diante de todos os povos, luz para iluminar as nações, e glória de teu povo, Israel'. E o pai e a mãe do menino estavam admirados com o que diziam a respeito dele".

Sempre que leio as histórias de Asita e Simeão, meu desejo é que cada um de nós, ao nascer, pudesse ter sido visitado por um sábio. O nascimento de toda criança é importante, não menos do que o nascimento de um Buda. Nós também somos um Buda, um futuro Buda, e continuamos a nascer a cada minuto. Somos também filhos e filhas de Deus e de nossos pais. Precisamos cuidar de cada nascimento.

Entrando em contato com nossos ancestrais

Não tenho certeza se eu sou eu mesmo ou se sou meu irmão. Antes de eu vir ao mundo, outro menino tentou vir antes de mim, mas minha mãe o abortou. Se ele tivesse continuado a viver eu teria outro irmão. Ou talvez eu teria sido meu irmão. Quando criança, pensei muitas vezes sobre isso.

Os futuros pais precisam ser muito cuidadosos, porque trazem em si uma criança, alguém que pode tornar-se um Buda ou um Senhor Jesus. Precisam estar atentos quanto ao que comem, ao que bebem, ao que pensam e à maneira como agem. A maneira como eles cuidam de seu corpo e de seus sentimentos afeta o bem-estar da criança que eles trazem. Nossas mães e nossos pais nos ajudaram a ser e, ainda agora, continuam a dar-nos vida. Quando tenho dificuldades, peço seu apoio e eles sempre respondem.

Nossos ancestrais espirituais também nos deram à luz e também eles continuam dando-nos à luz. Em meu país dizemos que um mestre autêntico tem o poder de dar à luz um discípulo. Se você tem suficiente força espiritual, você dará à luz um filho espiritual e, por meio de sua vida e prática, você continua dando à luz, mesmo depois de morrer. Dizemos que os filhos e filhas de Buda saem da boca de Buda, porque Buda lhes ofereceu o Dharma, seus ensinamentos. Existem muitas maneiras de oferecer o Dharma para uma criança nascer em sua vida espiritual, mas a mais comum consiste em compartilhar o Dharma por meio das palavras. Eu procuro praticar de uma maneira que me permita entrar em contato cada dia com meus ancestrais sanguíneos e com meus ancestrais espirituais. Quando me sinto triste ou um pouco frágil, invoco o apoio de sua presença e eles nunca falham.

O sofrimento e como sair dele

Quando eram crianças, tanto Siddhartha quanto Jesus perceberam que a vida está repleta de sofrimento. Em tenra idade Buda deu-se conta de que o sofrimento é generalizado. Jesus deve ter tido o mesmo tipo de discernimento, porque ambos envidaram todos os esforços para apresentar uma saída. Nós também devemos aprender a viver de maneiras que reduzam o sofrimento do mundo. O sofrimento esteve sempre presente, ao nosso redor e dentro de nós, e precisamos encontrar maneiras de aliviar o sofrimento e transformá-lo em bem-estar e paz.

Em ambas as tradições, monges e monjas praticam oração, meditação, caminhada atenta, refeições silenciosas e muitas outras maneiras de tentar superar o sofrimento. É uma espécie de luxo ser um monge ou uma monja, ser capaz de sentar tranquilamente e examinar profundamente a natureza do sofrimento e encontrar uma saída. Estar sentado e examinar profundamente seu corpo, sua consciência e seus estados mentais é como ser uma galinha chocando seus ovos. Um dia o discernimento nascerá como um pintinho. Se os monges e monjas não cuidarem com carinho de seus momentos de prática, não terão nada a oferecer ao mundo.

Buda tinha vinte anos de idade – era bastante jovem – quando se tornou monge e, com a idade de trinta e cinco anos, tornou-se iluminado. Jesus também passou um tempo sozinho na montanha e no deserto. Todos nós precisamos de tempo para refletir e revigorar-nos. Para os que não são monges ou monjas pode ser difícil encontrar tempo para meditar ou rezar, mas é importante fazê-lo. Durante um retiro aprendemos como manter a consciência de cada coisa que fazemos e depois podemos continuar a prática em nossa vida diária. Se fizermos isso, contemplaremos profundamente a natureza do nosso sofrimento e encontraremos uma saída. Em seu primeiro sermão do Dharma no Parque dos Cervos, em Sarnath, Buda disse o seguinte: "Examinem profundamente a natureza do sofrimento para ver as causas do sofrimento e a saída". Os monges e os não monges dão a isso o nome de prática.

Eu sou o caminho

A escola Theravada de budismo enfatizou os ensinamentos concretos do Buda histórico, o Buda que viveu e morreu. Mais tarde a ideia do Buda vivo foi desenvolvida no budismo das escolas do Norte, o Mahayana. Quando Buda estava prestes a morrer, muitos dos seus discípulos ficaram abalados com a possibilidade de que ele já não estaria mais com eles. Por isso Buda os tranquilizou dizendo: "Meu corpo físico não estará mais aqui, mas meu corpo dos ensinamentos, Dharmakaya, estará sempre com vocês. Busquem refúgio no Dharma, nos ensinamentos, a fim de construir uma ilha para vocês". As instruções de Buda são claras. O Dharma é nossa ilha de refúgio, a tocha que ilumina nosso caminho. Se temos os ensinamentos, não precisamos preocupar-nos. Um monge gravemente doente expressou tristeza por não conseguir ver Buda em pessoa, mas Buda enviou-lhe uma palavra: "Meu corpo físico não é a coisa mais importante. Se você tem consigo o corpo do Dharma, se você tem confiança no Dharma, se você pratica o Dharma, eu estou sempre com você". Também Jesus disse: "Quando dois ou três estiverem reunidos em meu nome, eu estarei ali com eles".

Eu estou sempre ao lado de vocês

Após a morte de Buda, o amor e a devoção a ele tornaram-se tão grandes que a ideia do Dharmakaya mudou: passou do corpo dos ensinamentos para o Buda glorioso e eterno, que está sempre expondo o Dharma. De acordo com o budismo Mahayana, Buda ainda está vivo, continuando a dar preleções sobre o Dharma. Se você estiver suficientemente atento, será capaz de ouvir seus ensinamentos vindos da voz de um seixo, de uma folha ou de uma nuvem no céu. O Buda permanente tornou-se o Buda vivo, o Buda da fé. Isto se parece muito com o Cristo da fé, o Cristo vivo. O teólogo protestante Paul Tillich descreve Deus como o fundamento do ser. Também Buda é descrito às vezes como o fundamento do ser.

Ver o caminho é ver a mim

Diz-se que, para encontrar um verdadeiro mestre, vale a pena estudar por cem anos seu ensinamento, porque nessa pessoa testemunhamos um exemplo vivo de iluminação. Como podemos encontrar Jesus ou Buda? Isso depende de nós. Muitas pessoas que olharam Buda ou Jesus diretamente olho no olho não foram capazes de ver Buda ou Jesus. Um homem que queria ver Buda estava tão apressado a ponto de negligenciar uma mulher extremamente necessitada que encontrou pelo caminho. Quando chegou ao mosteiro de Buda, foi incapaz de vê-lo. Se você pode ver Buda ou não, isso depende de você, do estado do seu ser.

Eu sou compreensão, eu sou amor

Como muitos grandes seres humanos, Buda tinha uma presença abençoada. Quando vemos tais pessoas, sentimos paz, amor e força nelas e também em nós próprios. Os chineses dizem: "Quando nasce um sábio, a água do rio se torna mais clara e as plantas e árvores da montanha se tornam mais verdejantes". Eles estão descrevendo a atmosfera que cerca um homem santo ou uma mulher santa. Quando um sábio está presente e você se senta perto dele, você sente paz e luz. Se você se sentar perto de Jesus e olhar nos seus olhos – mesmo que não o veja –, você terá uma oportunidade muito maior de ser salvo do que apenas ao ler suas palavras. Mas quando ele não está ali presente, seus ensinamentos são a segunda opção, especialmente os ensinamentos de sua vida.

Libertar-se das noções

Quando leio alguma escritura, cristã ou budista, sempre tenho em mente que tudo o que Jesus ou Buda disseram foi dirigido a determinada pessoa ou grupo numa determinada ocasião. Procuro compreender profundamente o contexto em que falaram, a fim de compreender realmente o sentido de suas palavras. O que eles disseram pode ser menos importante do que a maneira como o disseram. Quando compreendemos isto, estamos próximos de Jesus ou de Buda. Mas, se analisamos suas palavras para encontrar o sentido mais profundo sem compreender as relações entre o locutor e seus ouvintes, podemos não compreender o aspecto fundamental. Os teólogos às vezes se esquecem disto.

Quando lemos a Bíblia, vemos a tremenda coragem de Jesus de tentar transformar a vida de sua sociedade. Quando lemos os sutras, vemos que Buda era também uma pessoa muito forte. A sociedade da Índia no tempo de Buda era menos violenta do que a sociedade em que Jesus nasceu, e por isso podemos pensar que Buda foi menos radical em suas reações, mas isto só ocorreu porque outra maneira foi possível em seu meio. Sua reação contra a corrupção entre os sacerdotes védicos, por exemplo, foi enérgica. A noção de *Atman*, Eu/ego, que estava no centro das crenças védicas, era a causa de grande parte da injustiça social do tempo – o sistema de castas, o tratamento terrível dado aos intocáveis e a monopolização dos ensinamentos espirituais por aqueles que desfrutavam as melhores condições materiais e mesmo assim eram pouco ou nada espirituais. Em reação, Buda enfatizou os ensinamentos do não-atman (não-eu). Ele disse: "As coisas são vazias de um eu separado e independente. Se você procurar o eu de uma flor, você verá que ele é vazio". Mas, quando os budistas começaram a venerar a ideia de vacuidade, ele disse: "É pior se vocês se apegarem ao não-eu de uma flor do que se acreditarem no eu de uma flor".

Buda não apresentou uma doutrina absoluta. Seu ensinamento do não-eu foi apresentado no contexto de seu tempo. Era um instrumento para a meditação. Mas muitos budistas desde então se apegaram à ideia do não-eu. Eles confundem os meios e o fim, a balsa e a praia, o dedo apontado para a lua e a lua. Existe algo mais importante do que o não-eu. É a liberdade diante das noções de eu e também de não-eu. Para um budista, estar vinculado a uma doutrina, mesmo uma doutrina budista, é trair o Buda. O importante não são palavras ou conceitos. O importante é nosso discernimento da natureza da realidade e de nossa maneira de responder à realidade. Se Buda tivesse nascido na sociedade de Jesus, penso que também ele teria sido crucificado.

Ver o caminho, trilhar o caminho

Quando Jesus disse: "Eu sou o caminho", ele quis dizer que, para ter uma verdadeira relação com Deus, devemos praticar seu caminho. Nos Atos dos Apóstolos, os primeiros cristãos sempre falavam de sua fé como "o Caminho". Para mim, "eu sou o caminho" é uma afirmação melhor do que "eu conheço o caminho". O caminho não é uma estrada asfaltada. Mas precisamos distinguir entre o "eu" pronunciado por Jesus e o "eu" no qual as pessoas geralmente pensam. O "eu" na declaração de Jesus é a própria *vida*, a sua vida, que é o caminho. Se você não olha realmente para a vida dele, você não pode ver o caminho. Se você se contenta apenas em exaltar um nome, mesmo que seja o *nome* de Jesus, isto não é praticar a vida de Jesus. Devemos praticar vivendo profundamente, amando e agindo com caridade, se queremos realmente honrar Jesus. O caminho é o próprio Jesus e não apenas alguma ideia dele. Um verdadeiro ensinamento não é estático. Ele não consiste em meras palavras, mas na realidade da vida. Muitos que não têm nem o caminho nem a vida procuram impor aos outros o que eles acreditam ser o caminho. Mas estas são apenas palavras que não têm nenhuma conexão com a vida real ou com um caminho real. *Quando compreendemos profundamente a vida e os ensinamentos de Buda ou a vida e os ensinamentos de Jesus, nós cruzamos a porta e entramos na morada do Buda vivo e do Cristo vivo, e a vida eterna se nos apresenta.*

O corpo de você é o corpo de Cristo

Quando o ministro protestante me descreveu como alguém que não é grato, ele estava falando uma linguagem diferente da linguagem do budismo. Para ele, o amor só poderia ser simbolizado por uma única pessoa. Por isso a crença na ressurreição é tão importante para os cristãos. Se Jesus tivesse morrido e não fosse ressuscitado, quem transmitiria seu amor eterno por nós? Mas precisa Deus ser personificado? No judaísmo e no cristianismo sempre é usada a imagem de uma pessoa.

No budismo também personificamos traços ou peculiaridades aos quais aspiramos, como consciência plena (Shakyamuni Buddha), compreensão (Manjushri Bodhisattva) e amor (Maitreya Buddha); mas, mesmo que Shakyamuni, Manjusri e Maitreya não estejam presentes, ainda é possível tocar a consciência plena, a compreensão e o amor. Os próprios estudiosos de Buda são uma continuação de Buda. É possível manifestar consciência plena, compreensão e amor por meio de pessoas de nosso próprio tempo, inclusive por meio de nós mesmos. Precisamos acreditar menos na ressurreição de Budas e bodhisattvas e mais em produzir consciência plena, compreensão e amor em nós mesmos.

O Cristo vivo é o Cristo do Amor, que está sempre produzindo amor, dia após dia. Quando a Igreja manifesta compreensão, tolerância e benevolência, Jesus está ali presente. Os cristãos precisam ajudar para que Jesus Cristo seja manifestado por seu modo de vida, mostrando aos que estão ao seu redor que o amor, a compreensão e a tolerância são possíveis. Isto não será realizado apenas mediante livros ou sermões. Precisa ser levado a cabo por nosso modo de viver. No budismo nós também dizemos que o Buda vivo, aquele que ensina o amor e a compaixão, precisa ser manifestado por nosso modo de viver.

Graças à prática de muitas gerações de budistas e cristãos, a energia de Buda e a energia de Jesus Cristo chegaram até nós. Podemos tocar o Buda vivo e podemos tocar o Cristo vivo. Sabemos que o nosso corpo é a continuação do corpo de Buda e é um membro do corpo místico de Cristo. Temos uma oportunidade maravilhosa de ajudar para que Buda e Jesus Cristo continuem. Graças ao nosso corpo e à nossa vida, a prática é possível. Se você odeia seu corpo e pensa que ele é apenas uma fonte de aflição, que ele contém apenas as raízes da cólera, do ódio e de desejos insaciáveis, você não compreende que seu corpo é o corpo de Buda, que seu corpo é um membro do corpo de Cristo.

Desfrute o estar vivo

Respirar e saber que estamos vivos é uma coisa maravilhosa. Por você estar vivo, tudo é possível. A Sangha, a comunidade de prática, pode continuar. A Igreja pode continuar. Por favor, não desperdice um único momento. Cada momento é uma oportunidade de instilar vida no Buda, no Dharma e na Sangha. Cada momento é uma oportunidade de manifestar o Pai, o Filho e o Espírito Santo.

"Existe uma pessoa cujo aparecimento na terra se destina ao bem-estar e à felicidade de todos. Quem é essa pessoa?" Esta é uma pergunta tirada do *Anguttara Nikaya*. Para os budistas, essa pessoa é Buda. Para os cristãos, essa pessoa é Jesus Cristo. Por meio da sua vida, você pode ajudar essa pessoa a continuar. Você só precisa caminhar com consciência plena, dando passos pacíficos e felizes em nosso planeta. Respire profundamente e desfrute sua respiração. Tenha consciência de que o céu é azul e de que os cantos dos pássaros são graciosos. Desfrute o estar vivo e você ajudará o Cristo vivo e o Buda vivo a continuarem por um longo, longo tempo.

5
COMUNIDADES DE PRÁTICA

Consciência plena do trabalho

São Gregório de Nissa ensinava que a vida contemplativa é celestial e não pode ser vivida no mundo; que quando um monge precisa sair do mosteiro para fazer algum trabalho apostólico, ele precisa lamentar o fato. Na verdade, muitos monges choram quando precisam deixar o seu mosteiro em vista de um ministério apostólico. Outros mestres, como São Basílio, disseram que é possível rezar enquanto se trabalha. Mas ele não quis dizer que podemos rezar com nossas ações. Ele quis dizer: rezar com nossa boca e com nosso coração. No Vietnã, nós inventamos o "budismo engajado", para podermos continuar nossa vida contemplativa no meio da ajuda às vítimas da guerra. Deve haver maneiras de os monges continuarem sua vida contemplativa enquanto se empenham em alguma tarefa na sociedade. No Vietnã não procurávamos evitar o sofrimento. Trabalhávamos para aliviar o sofrimento enquanto, ao mesmo tempo, procurávamos manter nossa consciência plena.

Mesmo nos mosteiros precisamos cozinhar, fazer a limpeza, varrer e lavar. Como podemos evitar essas atividades? Existe uma maneira de trabalhar num estado de ânimo meditativo? A resposta é clara: Sim! Nós praticamos a consciência plena do cozinhar, do limpar, do varrer e do lavar. Quando trabalhamos desta maneira, nós tocamos a dimensão última da realidade. Mas precisamos treinar para fazer isso e o fato de ter uma comunidade onde todos os membros compartilham a mesma prática ajuda muito. Com efeito, é crucial estar muma Sangha ou numa Igreja onde todos praticam juntos ou vivem conscientemente no Espírito. Precisamos criar essas comunidades para nosso próprio bem.

Cultura monástica

Thomas Merton escreveu sobre a cultura monástica. Um mosteiro ou centro de prática é um lugar onde o discernimento é transformado em ação. O mosteiro deveria ser uma expressão de nosso discernimento, de nossa paz e de nossa alegria, um lugar onde a paz e a beleza são possíveis. A maneira como os monges e monjas caminham, comem e trabalham expressa seu discernimento e sua alegria.

Quando alguém da cidade chega ao recinto de um mosteiro, o simples fato de ver as árvores e os jardins e ouvir o som do sino o acalma. Quando se encontra com um monge caminhando tranquilamente, sua tensão pode desaparecer. O ambiente, a paisagem e os sons do mosteiro começam a operar nele para a cura e a transformação, mesmo antes de ele ouvir qualquer liturgia ou ensinamento. Por meio de sua verdadeira prática e genuíno discernimento, os que vivem em mosteiros, templos e centros de prática nos apontam um caminho para obter paz, alegria e liberdade.

Quando organizam retiros, os monges iniciam as pessoas na prática da consciência plena, de tocar as melhores coisas que existem nelas mesmas e de tocar a dimensão última. Eles sabem que o tempo é limitado e por isso só oferecem práticas que os retirantes possam levar para casa e continuar em sua vida diária. Se alguém estiver muito ocupado para um retiro de uma semana, ainda assim é útil vir para um fim de semana ou um dia de consciência plena, ou mesmo para meio-dia. Os monges e monjas podem oferecer a paz, a alegria e a estabilidade que obtiveram mediante a prática. Esse tipo de vida pode ser descrito como cultura monástica.

Quando você pratica junto com outros é muito mais fácil obter estabilidade, alegria e liberdade. Se você tem oportunidade de visitar um centro de retiros, espero que você desfrute seu tempo ali permanecendo sentado, caminhando, respirando, rezando e fazendo tudo com consciência plena. As sementes estão sendo regadas e o fruto – a transformação – se manifestará.

A comunidade como um refúgio

No cristianismo a Igreja é a coroa do caminho da prática, a verdadeira mestra. Muitas vezes se diz que não existe salvação fora da Igreja. No budismo uma Sangha é um grupo de monges, monjas, leigos e leigas que praticam juntos para despertar as melhores qualidades uns nos outros. Alguns budistas respeitam apenas a Santa Sangha, os discípulos reais de Buda durante seu tempo de vida. Mas eles já se foram. Para mim, praticar com a Sangha significa praticar junto com os que estão conosco agora e com aqueles que amamos. Pode não ser uma Santa Sangha; mas, se avançar na direção da transformação, é uma Sangha real. Para praticar não precisamos de uma Sangha perfeita ou Santa Sangha. Uma Sangha imperfeita já basta. Podemos ajudar a construir e melhorar a Sangha praticando atentamente, passo a passo, estimulando-nos uns aos outros. Existe um ditado que diz: Se um tigre desce de sua montanha e vai para a planície, será capturado pelos humanos e morto. Isso significa que, se um praticante deixa sua Sangha, torna-se difícil continuar a prática. Refugiar-se na Sangha não é uma questão de devoção. É uma questão de prática. A Sangha budista inclui os Arhats, ou seja, os que superaram todas as aflições, e os sotapanna, ou seja, os que entraram na correnteza que certamente os levará à iluminação. Os sotapanna não têm dúvida de que a prática transformará seu sofrimento. No cristianismo, alguns foram declarados santos ou pessoas santas. Talvez sejam semelhantes aos Arhats e sotapanna, mas devo confessar que não compreendo como se decide quem é um santo.

A comunidade como um corpo

Em João 15, Jesus diz: "Eu sou a videira verdadeira. [...] Permanecei em mim e eu permanecerei em vós. Assim como o ramo não pode dar fruto se não permanecer na videira, assim também vós, se não permanecerdes em mim". Isto se aproxima do budismo. Sem consciência plena, não podemos produzir o fruto do amor, da compreensão e da libertação. Precisamos produzir o Buda em nós mesmos. Precisamos evocar o Buda vivo em nós a fim de tornar-nos mais compreensivos e mais carinhosos. Jesus disse: "Quando dois ou três estiverem reunidos em meu nome, eu estarei ali com eles". No budismo são necessárias pelo menos quatro pessoas praticando juntas para se falar de uma Sangha. Isso torna possível o Sanghakarma, o processo legal para tomar decisões na vida da comunidade.

Quando vivemos como uma Sangha, nós nos consideramos uns aos outros como irmãos e irmãs e praticamos as Seis Harmonias – compartilhar o espaço, compartilhar as coisas essenciais da vida diária, observar os mesmos preceitos, usar apenas palavras que contribuam para a harmonia, compartilhar nossos discernimentos e nossa compreensão e respeitar os pontos de vista uns dos outros. Uma comunidade que segue estes princípios vive sempre feliz e em paz.

Quando nos reunimos para formar uma Sangha, nós praticamos a expansão dos limites de nosso eu separado e nos tornamos um grande corpo de amor e compreensão. Nós e nossos irmãos e irmãs somos um. Esta ideia de salvação encontra eco na Igreja ortodoxa oriental, que tem até mais do senso de união – só podemos ser salvos como comunidade.

O Espírito Santo é a alma da Igreja

Se você martela um prego numa tábua e acidentalmente golpeia seu dedo, você cuida da lesão imediatamente. A mão direita nunca diz à mão esquerda: "Estou lhe fazendo uma obra de caridade". Ela simplesmente faz todo o possível para ajudar – prestando os primeiros socorros, compaixão e solicitude. Na tradição budista Mahayana a prática da *dana*, a generosidade/doação, é semelhante a isso. Fazemos todo o possível para favorecer os outros, sem considerar-nos a nós mesmos como ajudantes e os outros como ajudados. Este é o espírito do não-eu.

No cristianismo se diz que cada membro da Igreja é uma parte do corpo de Cristo. No budismo dizemos que cada membro da Sangha é uma mão ou uma perna de Buda. Quando vivemos de acordo com os ensinamentos de Buda, somos membros de um só corpo. Se praticamos corretamente os preceitos e realizamos a concentração profunda e a compreensão, nossa Sangha pode chegar à libertação das aflições. Mesmo quando a libertação ainda não é total, as pessoas podem olhar para a nossa comunidade e apreciar a atmosfera carinhosa e harmoniosa. Quando praticamos a compreensão e o amor, somos uma Sangha real, um terreno fértil no qual as boas sementes certamente florescerão.

Se existem muitos mal-entendidos, conflitos, discussões e rivalidades entre os membros, uma Sangha não pode ser denominada uma verdadeira Sangha, mesmo que seja um belo templo ou um famoso centro de prática. Uma Igreja ou comunidade que não está repleta do Espírito Santo não é viva. Uma Sangha que não está impregnada da energia da consciência plena não é autêntica. Para uma comunidade ser um verdadeiro lugar de prática ou de culto, seus membros precisam cultivar a consciência plena, a compreensão e o amor. Uma Igreja em que as pessoas são indelicadas umas com as outras ou se reprimem mutuamente não é uma verdadeira Igreja. O Espírito Santo não está presente ali. Se você quer renovar sua Igreja, introduza nela a energia do Espírito Santo. Quando as pessoas se estimam mutuamente como irmãos e irmãs e sorriem umas para as outras, o Espírito Santo está presente. Quando a plena atenção está presente, também estão presentes a compreensão (*prajña*) e o amor (*maitri* e *karuna*).

O Espírito Santo é a energia do amor e da compreensão

Para ter uma boa Sangha, os membros precisam viver de uma maneira que os ajude a produzir mais compreensão e mais amor. Se uma Sangha está passando por dificuldades, a melhor maneira de transformá-la consiste em começar você mesmo a transformar-se, em retornar à sua ilha do eu e tornar-se mais revigorado e mais compreensivo. Você será a primeira vela que acende a segunda que acende a terceira, a quarta e a quinta. Mas se você procura fazer o melhor para praticar dessa maneira e as pessoas da comunidade ainda não têm nenhuma luz, pode ser necessário encontrar outra Sangha ou mesmo iniciar uma nova. Mas não desista com demasiada facilidade. Talvez você não praticou com suficiente profundidade para transformar-se numa vela viva capaz de acender todas as outras velas. Somente quando você estiver convencido de que criar uma nova Sangha é a única alternativa, é o momento de seguir em frente e criar uma nova Sangha. Qualquer Sangha é melhor do que nenhuma Sangha. Sem uma Sangha, você se perderá.

Isso vale também em uma Igreja. Se você vê que o Espírito Santo não está presente na sua Igreja, primeiro faça o esforço de introduzir o Espírito Santo vivendo profundamente os ensinamentos de Jesus. Mas, se você não causa nenhum impacto, se a prática na Igreja não está de acordo com a vida e os ensinamentos de Jesus, você pode desejar reunir os que compartilham sua convicção e inaugurar outra Igreja, na qual você pode convidar o Espírito Santo a entrar. Para ser uma ajuda real à sua Igreja ou Sangha, você precisa primeiramente acender seu próprio fogo de compreensão, amor, solidariedade e tranquilidade. Então você será capaz de inspirar os outros, quer num grupo existente ou num grupo que você está ajudando a fundar. Por favor, não pratique o "imperialismo religioso". Mesmo que você tenha um belo templo ou igreja com belas decorações e obras de arte, se no interior não houver tolerância, felicidade, compreensão ou amor, trata-se de uma falsa Sangha, de uma falsa Igreja.

Ser verdadeiro sal

O ensinamento vivo, expresso pela vida de Buda e pela vida de Jesus, deveria ser sempre o modelo para a nossa prática. Os sutras não são os ensinamentos vivos de Buda. Para receber o verdadeiro ensinamento, precisamos imitar a vida e a obra do próprio Buda. Isso vale também no cristianismo. Os evangelhos, em sua forma escrita ou mesmo oral, não são o ensinamento vivo de Jesus. Os ensinamentos *devem ser praticados* como foram vividos por Jesus.

A Igreja é o instrumento que nos permite realizar esses ensinamentos. A Igreja é a esperança de Jesus, assim como a Sangha é a esperança de Buda. É pela prática da Igreja e da Sangha que os ensinamentos se tornam vivos. As comunidades de prática, com todas as suas deficiências, são o melhor caminho para tornar os ensinamentos disponíveis às pessoas. O Pai, o Filho e o Espírito Santo precisam da Igreja para se tornarem manifestos ("Quando dois ou três estiverem reunidos em meu nome, eu estarei ali com eles"). As pessoas podem tocar o Pai e o Filho por meio da Igreja. Por isso dizemos que a Igreja é o corpo místico de Cristo. Jesus foi muito claro a respeito da necessidade de praticar o ensinamento e fazê-lo em comunidade. Ele disse aos seus discípulos que deviam ser a luz do mundo. Para um budista isso significa a consciência plena. Buda disse que cada um de nós devemos ser nossa própria tocha. Jesus também disse a seus discípulos que fossem o sal do mundo, que fossem o sal verdadeiro. Seu ensinamento foi claro e forte. Se a Igreja praticar corretamente os ensinamentos de Jesus, a Trindade estará sempre presente e a Igreja terá uma força curativa para transformar tudo o que ela toca.

Somos praticantes do verdadeiro ensinamento?

Estamos tornando real a presença de Jesus em nossas Igrejas hoje? Estamos tornando real a presença de Buda em nossas Sanghas? Buda e os monges e monjas de seu tempo estavam em contínuo diálogo com as pessoas de outras crenças religiosas, especialmente os brâmanes. Estamos nós em diálogo com outras religiões? Buda empreendeu todos os esforços para remover as barreiras entre as classes. Ele aceitou os intocáveis e os párias em sua santa comunidade. Estamos nós fazendo a mesma coisa com os pobres e oprimidos de nosso tempo? Estamos levando o serviço da Sangha e da Igreja aos que sofrem, aos que são discriminados por razões políticas, raciais e econômicas?

Buda aceitou mulheres em sua Sangha e elas se tornaram mestras, transmissoras de preceitos, desempenhando os mesmos papéis que os monges. Jesus também ensinou às mulheres com liberdade. A primeira pessoa a quem Jesus se revelou após a ressurreição foi uma mulher. Estamos permitindo que as mulheres sejam ordenadas sacerdotisas e mestras?

Buda e seus monges e monjas praticaram voluntariamente a pobreza. Possuíam apenas três vestes, uma tigela e um filtro de água. Somos nós capazes de viver de maneira simples, satisfeitos apenas com aquilo de que necessitamos? Ou nossas instituições religiosas consistem simplesmente em construir e adquirir sempre mais? Buda e seus monges e monjas mendigavam todos os dias para praticar a humildade e permanecer em contato com as pessoas em sua sociedade. Jesus em seu tempo fez quase o mesmo. Não possuía nada. Estava sempre disponível às pessoas. Aproximava-se e tocava os outros a fim de compreender, ajudar e curar. As pessoas que ele tocava eram sobretudo os que sofriam. Estão a Sangha e a Igreja de hoje em contato real com as pessoas? Estão as Igrejas de hoje em contato com os pobres e oprimidos, ou preferem o contato apenas com os ricos e poderosos?

Buda sempre se opôs à violência e à imoralidade. Retirou seu apoio ao Rei Ajatasatru quando este assassinou seu pai para subir ao trono. Tentou deter os esforços do Rei Ajatasatru de iniciar uma guerra contra o país vizinho de Vajji.

Estão nossas Sanghas fazendo a mesma coisa– opondo-se à injustiça social e à violência – ou estamos abençoando as guerras e enviando sacerdotes junto com os nossos exércitos para apoiar os esforços bélicos? Com a máxima coragem Jesus ensinou um evangelho de não violência. Está a Igreja praticando o mesmo com sua presença e comportamento? Praticam as Igrejas a não violência e a justiça social, ou se alinham com governos que praticam a violência e o ódio? Durante a guerra no Vietnã, a cidade de Ben Tre foi destruída em nome da salvação. O comandante da operação disse: "Precisávamos destruir Ben Tre para salvá-la". É possível que um servo da Igreja abençoe as tropas enviadas para uma tal guerra?

Jesus precisa dos cristãos

Para que Buda esteja presente na Sangha, devemos praticar de uma maneira que mantenha vivos os seus ensinamentos e não confinados a sermões e escrituras. Para um budista poder manter vivos os ensinamentos de Buda, a melhor maneira é viver conscientemente da maneira como Buda e sua comunidade viveram. Para os cristãos, a maneira de tornar o Espírito Santo realmente presente na Igreja consiste em praticar meticulosamente o que Jesus viveu e ensinou. É verdade não só que os cristãos precisam de Jesus, mas também que Jesus precisa dos cristãos para que sua energia continue no mundo.

6

Um coração pacífico

Consciência coletiva

No Sermão da Montanha Jesus disse: "Felizes os que promovem a paz, porque serão chamados filhos de Deus". Para trabalhar pela paz, você precisa ter um coração pacífico. Quando o tem, você é o filho de Deus. Mas muitos dos que trabalham pela paz não estão em paz. Eles ainda têm raiva e frustração e seu trabalho não é realmente pacífico. Não podemos dizer que eles estão em contato com o Reino de Deus. Para preservar a paz, nossos corações precisam estar em paz com o mundo, com nossos irmãos e com nossas irmãs. Quando procuramos vencer o mal com o mal, não estamos trabalhando pela paz. Se você diz: "Saddam Hussein é mau. Precisamos impedir que ele continue sendo mau", e utiliza os mesmos meios que ele utilizava, você é exatamente igual a ele. Tentar vencer o mal com o mal não é a maneira de trazer a paz.

Jesus disse também: "Não matarás; quem matar será réu de julgamento. Pois eu vos digo: quem se encolerizar contra seu irmão será réu de julgamento. [...] Quem o chamar de tolo será réu do inferno de fogo". Jesus não disse que, se você se encolerizar contra seu irmão, será colocado num lugar chamado inferno. Ele disse que, se você se encolerizar contra seu irmão, você já está no inferno. A cólera é o inferno. Ele disse também que você não precisa matar com seu corpo para ser posto no cárcere. Basta apenas você matar em sua mente e você já está no cárcere.

A pena de morte é um sinal de fraqueza, uma expressão do nosso medo e da incapacidade de saber o que fazer para remediar a situação. Matar uma pessoa não ajuda nem a ela nem a nós. Precisamos olhar coletivamente para encontrar maneiras de podermos ajudar realmente. Nosso inimigo não é a outra pessoa, não importando o que ela tenha feito. Se examinarmos profundamente o nosso interior, podemos ver que seu ato foi uma manifestação da nossa consciência coletiva. Todos nós estamos repletos de violência, de ódio e de medo; então por que culpar alguém que foi educado sem amor ou compreensão? Educadores, legisladores, pais e mães, jornalistas, cineastas, economistas, artistas, pessoas pobres, pessoas ricas, todos nós precisamos discutir a situação e ver o que podemos fazer. A meditação pode ajudar. A meditação não é uma droga usada para nos fazer esquecer nossos problemas reais. Ela deveria produzir consciência em nós e também em nossa sociedade. Para obtermos resultados, nossa iluminação precisa ser coletiva. Senão, como poderemos acabar com o ciclo da violência? Nós próprios precisamos contribuir, em pequena ou grande escala, para acabar com nossa própria violência. Examinando profundamente nossa mente e nossa vida, começaremos a ver o que fazer e o que não fazer para levar a cabo uma verdadeira mudança.

Olhando profundamente

Muitas vezes concebemos a paz como a ausência de guerra e imaginamos que, se os países poderosos reduzirem seus arsenais de armas, podemos ter paz. Mas, se examinarmos profundamente as armas, vemos nossa própria mente – nossos preconceitos, medos e ignorância. Mesmo se transportássemos todas as bombas para a lua, as raízes da guerra e as raízes das bombas ainda estão aqui, em nosso coração e em nossa mente, e mais cedo ou mais tarde fabricaremos novas bombas. Trabalhar pela paz é erradicar a guerra de nós mesmos e do coração dos homens e mulheres. Preparar para a guerra, dar a milhões de homens e mulheres a oportunidade de praticar a matança dia e noite em seu coração, é plantar milhões de sementes de violência, cólera, frustração e medo que serão passadas às gerações futuras.

"Ouvistes o que foi dito: olho por olho e dente por dente. Pois eu vos digo: Não resistais ao malvado. Se alguém te bate na face direita, oferece-lhe também a outra. E se alguém quiser te processar para tirar-te a túnica, deixa-lhe também o manto". Esse é o ensinamento de Jesus sobre a vingança. Se alguém pede a você alguma coisa, não deixe de dá-la. Quando ele quer pedir-lhe algo emprestado, empreste-lhe. Quantos de nós praticam isto realmente? Deve haver maneiras de resolver nossos conflitos sem matar. Precisamos considerar isso. Precisamos encontrar maneiras de ajudar as pessoas a sair de situações difíceis, situações de conflito, sem precisar matar. Nossa sabedoria e experiência coletiva podem ser a tocha que ilumina nosso caminho, mostrando-nos o que fazer. *Olhar profundamente juntos é a principal tarefa de uma comunidade ou de uma Igreja.*

A forma mais elevada de oração

"Ouvistes o que foi dito: amarás teu próximo e odiarás teu inimigo. Pois eu vos digo: amai vossos inimigos, abençoai os que vos amaldiçoam e orai pelos que vos difamam e perseguem, para serdes filhos de vosso Pai que está nos céus. Porque ele faz nascer o sol para bons e maus e cair a chuva sobre justos e injustos". Muitas pessoas rezam a Deus porque querem que ele satisfaça algumas de suas necessidades. Quando desejam fazer um piquenique, pedem a Deus um dia claro e ensolarado. Ao mesmo tempo, os agricultores podem pedir chuva. Se o tempo está claro, os que fazem o piquenique dirão: "Deus está do nosso lado; ele respondeu às nossas orações". Mas se chover, os agricultores dirão que Deus ouviu suas orações. Esta é a maneira como geralmente rezamos.

Quando você reza só por seu piquenique e não pelos agricultores que precisam de chuva, você está fazendo o oposto daquilo que Jesus ensinou. Jesus disse: "Amai os vossos inimigos, abençoai os que vos amaldiçoam..." Quando examinar profundamente sua própria cólera, você verá que a pessoa que você chama de inimigo está também sofrendo. Logo que você vê isto, manifesta-se a capacidade de aceitá-lo e ter compaixão dele. Jesus chamou a isto "amar teu inimigo". Quando você é capaz de amar seu inimigo, ele já não é mais seu inimigo. A ideia de "inimigo" desaparece e é substituída pela noção de alguém que está sofrendo e precisa de sua compaixão. Fazer isso é às vezes mais fácil do que você poderia imaginar, mas você precisa praticar. Se você lê a Bíblia, mas não pratica, ela não o ajudará muito. No budismo, praticar o ensinamento de Buda é a forma mais elevada de oração. Buda disse: "Se alguém está numa margem e quer ir até a outra margem, ele precisa usar um barco ou cruzar a nado. Não pode apenas rezar: 'Ó outra margem, por favor venha até aqui, para eu atravessar a pé!'" Para um budista, rezar sem praticar não é uma verdadeira oração.

A compreensão traz libertação

Na América Latina, os teólogos da libertação falam da preferência ou "opção" de Deus pelos pobres, pelos oprimidos e pelos marginalizados. Mas eu não penso que Deus quer que tomemos partido, nem mesmo o partido dos pobres. Os ricos também sofrem, em muitos casos até mais do que os pobres! Eles podem ser ricos materialmente, mas muitos deles são pobres espiritualmente e sofrem bastante. Conheci pessoas ricas e famosas que terminaram cometendo suicídio. Tenho certeza de que os dotados de compreensão superior serão capazes de ver o sofrimento tanto nos pobres quanto nos ricos.

Deus abraça tanto os ricos quanto os pobres e quer que eles se compreendam uns aos outros, compartilhem uns com os outros seu sofrimento e sua felicidade e trabalhem juntos pela paz e pela justiça social. Não precisamos tomar partido. Quando tomamos partido, interpretamos mal a vontade de Deus. Sei que possivelmente algumas pessoas utilizarão estas palavras para prolongar a injustiça social, mas isso é um abuso daquilo que estou dizendo. Precisamos encontrar as *verdadeiras causas* da injustiça social e, ao fazê--lo, não condenaremos certo tipo de pessoas. Perguntaremos: Por que a situação destas pessoas permaneceu assim? Todos nós temos o poder do amor e da compreensão. Estas são nossas melhores armas. Qualquer resposta dualista, qualquer resposta motivada pela cólera, só irá piorar a situação.

Quando praticamos olhando profundamente, temos o discernimento sobre o que fazer e o que não fazer para mudar a situação. Tudo depende da nossa maneira de olhar. A existência do sofrimento é a Primeira Nobre Verdade ensinada por Buda e as causas do sofrimento são a segunda. Quando examinamos profundamente a Primeira Verdade, descobrimos a segunda. Depois de ver a Segunda Verdade, vemos a verdade seguinte, que é o caminho da libertação. Tudo depende de nossa compreensão de toda a situação. Quando compreendemos, nosso estilo de vida mudará de acordo, e nossas ações nunca ajudarão os opressores a fortalecer sua posição. Olhar profundamente não significa ser inativo. Tornamo-nos muito ativos com nossa compreensão. *Não violência não significa não ação. Não violência significa que agimos com amor e compaixão.*

Compreensão traz compaixão

Antes de autoimolar-se ateando fogo às próprias vestes em 1963, o monge vietnamita Thich Quang Duc meditou durante várias semanas e escreveu cartas muito carinhosas ao seu governo, à sua Igreja e aos seus companheiros monges e monjas, explicando por que havia chegado a essa decisão. Quando você é movido pelo amor e pela disposição de ajudar os outros a atingirem a compreensão, até mesmo a autoimolação pode ser um ato compassivo. Quando Jesus consentiu em ser crucificado, estava agindo da mesma maneira, motivado pelo desejo de despertar o povo, restaurar a compreensão e a compaixão e salvar as pessoas. Quando você é motivado por cólera ou discriminação, mesmo se agir exatamente da mesma forma, você está fazendo o oposto.

Quando lemos as cartas de Thich Quang Duc, sabemos muito claramente que ele não foi motivado pelo desejo de opor-se ou destruir, mas pelo desejo de comunicar-se. Quando você está envolvido numa guerra na qual as grandes potências têm armas gigantescas e completo controle dos meios de comunicação, você precisa fazer algo extraordinário para fazer-se ouvir. Sem acesso ao rádio, à televisão ou à imprensa, você precisa criar novas maneiras de ajudar o mundo a compreender a situação em que você está. A autoimolação pode ser um desses meios. Se você o faz por amor, você age praticamente como Jesus agiu na cruz e como Gandhi agiu na Índia. Gandhi jejuou, não com cólera, mas com compaixão, dirigindo-se não só aos seus concidadãos, mas também aos britânicos. Todos os grandes homens sabiam que o que nos liberta é a verdade e fizeram tudo quanto podiam para tornar a verdade conhecida.

A prática budista e a prática cristã são iguais: tornar a verdade disponível – a verdade a respeito de nós mesmos, a verdade a respeito de nossos irmãos e irmãs e a verdade a respeito da nossa situação. Este é o trabalho dos escritores, dos pregadores, da mídia e também dos praticantes. Todos os dias praticamos examinando profundamente a nós mesmos e a situação dos nossos irmãos e irmãs. É o trabalho mais sério que podemos fazer.

A compreensão transforma

Se, ao praticarmos, não temos consciência de que o mundo está sofrendo, de que crianças estão morrendo de fome, de que a injustiça social prossegue em todos os lugares, não estamos praticando a consciência plena. Estamos apenas tentando fugir. Mas a cólera não é suficiente. Jesus nos mandou amar nosso inimigo: "Pai, perdoai-lhes, porque não sabem o que fazem". Este ensinamento nos ajuda a saber como olhar para a pessoa que consideramos ser a causa do nosso sofrimento. Se praticamos examinando profundamente sua situação e as causas que levaram essa pessoa a ser como ela é agora, e se nos visualizamos a nós mesmos como nascidos na sua situação, podemos ver que nós poderíamos ter-nos tornado exatamente iguais a ela. Quando fazemos isso, a compaixão surge em nós naturalmente e vemos que a outra pessoa deve ser ajudada e não punida. Nesse momento, nossa cólera *se transforma* na energia da compaixão. De repente aquele que denominávamos nosso inimigo se torna nosso irmão ou nossa irmã. Este é o verdadeiro ensinamento de Jesus. Olhar profundamente é uma das maneiras mais eficazes de transformar nossa cólera, nossos preconceitos e nossa discriminação. Nós praticamos como indivíduos e praticamos também como grupo.

Compreender-nos a nós mesmos nos ajuda a compreender os outros

No budismo falamos de salvação pela compreensão. Vemos que o que cria o sofrimento é a falta de compreensão. A compreensão é a força que pode libertar-nos. Ela é a chave que pode abrir a porta da prisão do sofrimento. Se não praticamos a compreensão, não aproveitamos o instrumento mais potente que pode libertar do sofrimento a nós mesmos e outros seres vivos. O verdadeiro amor só é possível com uma real compreensão. A meditação budista – parar, acalmar-se e olhar profundamente – consiste em ajudar-nos a compreender melhor. Em cada um de nós está uma semente de compreensão. Deus é essa semente. Também Buda é essa semente. Se você duvida dessa semente de compreensão, você duvida de Deus e duvida de Buda.

Quando Gandhi disse que o amor é a força que pode libertar, ele quis dizer que devemos amar nosso inimigo. Mesmo que nosso inimigo seja cruel, mesmo que nos esteja arrasando, semeando terror e injustiça, devemos amá-lo. Esta é a mensagem de Jesus. Mas como podemos amar nosso inimigo? Só existe uma maneira – compreendê-lo. Precisamos compreender por que ele é assim, como ele se tornou assim, por que ele não vê as coisas da maneira como nós as vemos. Compreender uma pessoa nos traz a força para amá-la e aceitá-la. No momento em que a amamos e aceitamos, ela deixa de ser nosso inimigo. "Amar nosso inimigo" é impossível porque, no momento em que o amamos, ele já não é mais nosso inimigo.

Para amá-lo precisamos praticar o olhar profundo a fim de compreendê-lo. Se o fizermos, nós o aceitamos, o amamos e também aceitamos e amamos a nós mesmos. Como budistas e cristãos, não podemos questionar que essa compreensão é o componente mais importante para a transformação. Se falamos uns com os outros, se organizamos um diálogo, é porque acreditamos que existe uma possibilidade de compreender melhor a outra pessoa. Quando compreendemos outra pessoa, nós nos compreendemos melhor. E, quando nos compreendemos melhor, compreendemos melhor também a outra pessoa.

A compreensão traz perdão

"Perdoai-nos as nossas ofensas assim como nós perdoamos aos que nos ofendem". Todos nós cometemos erros. Se formos atentos, veremos que algumas das nossas ações passadas causaram sofrimento aos outros e que algumas ações dos outros nos causaram sofrimento. Precisamos ser clementes e perdoar. Precisamos começar de novo. "Você, meu irmão ou irmã, me ofendeu no passado. Agora compreendo que isto ocorreu porque você estava sofrendo e não via claramente as coisas. Eu não sinto mais raiva de você". Você não pode obrigar-se a perdoar. Só quando compreender o que ocorreu você consegue ter compaixão pela outra pessoa e perdoá-la. Este tipo de perdão é fruto da consciência. Quando você está consciente, vê as muitas causas que levaram a outra pessoa a causar-lhe sofrimento; e, quando você vê isto, o perdão e a libertação surgem naturalmente. Sempre é útil pôr em prática os ensinamentos de Jesus e os de Buda.

7

Para um futuro ser possível

Reenraizar-se

Existe um profundo mal-estar na sociedade. Podemos enviar e-mails e faxes em qualquer lugar do mundo, temos *pagers* e telefones celulares e, no entanto, em nossas famílias e entre vizinhos, não falamos uns com os outros. Existe uma espécie de vácuo dentro de nós e tentamos preenchê-lo comendo, lendo, falando, fumando, bebendo, vendo TV, indo ao cinema e até sobrecarregando-nos de trabalhos. Absorvemos diariamente tanta violência e insegurança que somos como bombas-relógio prestes a explodir. Precisamos encontrar uma cura para nossa doença.

Muitos dos nossos jovens estão desenraizados. Já não acreditam nas tradições de seus pais e avós e não encontraram nada para substituí-las. Os líderes espirituais precisam abordar esta questão muito real, mas a maioria simplesmente não sabe o que fazer. Eles não foram capazes de transmitir os valores mais profundos de suas tradições, talvez porque eles próprios não os compreenderam ou experimentaram plenamente. Quando um sacerdote não encarna os valores vivos de uma tradição, ele não consegue transmiti-los à próxima geração. Ele só pode usar as vestes exteriores e transmitir formas superficiais. Quando os valores vivos estão ausentes, os rituais e os dogmas são sem vida, rígidos e até opressivos. Combinados com uma falta de compreensão das necessidades reais das pessoas e com uma falta generalizada de tolerância, causa pouca surpresa o fato de que os jovens se sintam alienados nestas instituições.

O budismo, assim como o cristianismo e outras tradições, precisa renovar-se a fim de responder às necessidades das pessoas de nosso tempo. Muitos jovens em todo o mundo abandonaram sua Igreja porque os líderes eclesiásticos não acompanharam as mudanças ocorridas na sociedade. Não conseguem falar aos jovens com o tipo de linguagem que os jovens podem entender. Não conseguem transmitir aos jovens as joias que receberam de seus mestres ancestrais. Por isso, tantos jovens são deixados sem nada em que acreditar. Sentem-se desconfortáveis com sua Igreja, com sua sociedade, com sua cultura e com sua família. Não veem nada de valioso, belo ou verdadeiro.

Precisamos de raízes para poder ficar de pé e crescer fortes. Quando chegam jovens a Plum Village, sempre os estimulo a praticar de uma maneira que os ajude a retornar à sua tradição e reenraizar-se. Se conseguirem reintegrar-se, serão um importante instrumento para transformar e renovar sua tradição. Depois de um retiro interconfessional em

Santa Barbara, um jovem me disse: "Thây, eu me sinto mais judeu do que nunca. Direi a meu rabi que um monge budista me inspirou a retornar a ele". Pessoas de outras tradições disseram a mesma coisa.

As joias de nossa própria tradição

Na Ásia Oriental cada residência tem um altar da família. Quando ocorre um acontecimento importante na família, como o nascimento de uma criança, oferecemos incenso e anunciamos a novidade aos nossos ancestrais. Se nosso filho está pronto para frequentar o colégio, fazemos uma oferta e anunciamos que amanhã nosso filho sairá para ir ao colégio. Quando voltamos para casa após uma longa viagem, a primeira coisa que fazemos é oferecer incenso aos nossos ancestrais e anunciar que estamos em casa. Quando praticamos desta maneira, nos sentimos sempre profundamente enraizados na família.

Eu estimulo meus alunos de origem ocidental a fazer o mesmo. Quando respeitamos nossos ancestrais consanguíneos e nossos ancestrais espirituais, nos sentimos enraizados. Se pudermos encontrar maneiras de acalentar e desenvolver nossa herança espiritual, evitaremos o tipo de alienação que está destruindo a sociedade e nos tornaremos novamente completos e curados. Precisamos estimular os outros, especialmente os jovens, a retornar às suas tradições e redescobrir as joias que ali se encontram. Aprender a tocar profundamente as joias de nossa própria tradição nos permitirá compreender e apreciar os valores de outras tradições e isto beneficiará a todos.

Cultivar a compaixão

Os preceitos do budismo e os mandamentos no judaísmo e no cristianismo são joias importantes que precisam de estudo e prática. Proporcionam diretrizes que podem ajudar-nos a transformar nosso sofrimento. Examinando profundamente estes preceitos e mandamentos, podemos aprender a arte de viver na beleza. Os Cinco Preceitos Maravilhosos do budismo – reverência pela vida, generosidade, comportamento sexual responsável, falar e ouvir profundamente e ingerir somente substâncias saudáveis – podem contribuir muito para a felicidade da família e da sociedade. Recentemente os reformulei para abordar os problemas do nosso tempo:

> *1. Consciente do sofrimento causado pela destruição da vida, juro cultivar a compaixão e aprender maneiras de proteger a vida das pessoas, os animais, as plantas e os minerais. Estou decidido a não matar, não deixar outros matarem e não tolerar qualquer assassinato no mundo, em meu pensamento e em minha vida.*

O primeiro preceito nasceu da consciência de que em todos os lugares vidas estão sendo destruídas. Vemos o sofrimento causado pela destruição da vida e juramos cultivar a compaixão e utilizá-la como uma fonte de energia para a proteção das pessoas, dos animais, das plantas e dos minerais. Nenhum assassinato pode ser justificado. E não basta não matar. Precisamos aprender maneiras de impedir que outros matem. Não podemos tolerar qualquer assassinato, nem sequer em nossa mente. De acordo com Buda, a mente é a base de todas as ações. Quando você acredita, por exemplo, que sua maneira de ser é a única maneira de ser para a humanidade, milhões de pessoas podem ser assassinadas por causa desta ideia. Precisamos olhar profundamente cada dia a fim de praticar corretamente esse preceito. Cada vez que compramos ou consumimos algo, podemos estar tolerando alguma forma de matar.

Para praticar a não violência, precisamos em primeiro lugar aprender a lidar pacificamente conosco mesmos. Existe em nós certo montante de violência e certo montante de não violência. Dependendo do estado de nosso ser, nossa resposta às coisas será mais ou menos não violenta. Com consciência plena – a prática da paz – podemos começar a trabalhar para transformar as guerras que existem dentro de nós. A respiração consciente nos ajuda a fazê-lo. Mas ninguém consegue praticar este preceito com perfeição. Não devemos nos orgulhar de ser vegetarianos, por exemplo. Precisamos reconhecer que a água na qual cozinhamos nossos legumes contém muitos micro-organismos minúsculos, sem falar dos próprios legumes. Mas, mesmo se não podemos ser completamente não violentos, pelo fato de ser vegetarianos estamos caminhando na direção da não violência. Se queremos dirigir-nos para o norte, podemos utilizar a estrela polar para orientar-nos, mas é impossível alcançar a estrela polar. Nosso esforço consiste apenas em prosseguir nessa direção. Se criamos a verdadeira harmonia dentro de nós mesmos, saberemos como lidar com a família, com os amigos e com a sociedade.

A vida é tão preciosa, mas em nossa vida cotidiana somos arrebatados por nossa negligência, por nossa cólera e por nossas preocupações. A prática do Primeiro Preceito é uma celebração da reverência pela vida. Quando apreciamos e honramos a beleza da vida, faremos todos os esforços possíveis para viver profundamente no momento presente e proteger toda forma de vida.

Cultivar a benevolência

> *2. Consciente do sofrimento causado pela exploração, pela injustiça social, pelo roubo e pela opressão, juro cultivar a benevolência e aprender maneiras de trabalhar pelo bem-estar das pessoas, dos animais, das plantas e dos minerais. Juro praticar a generosidade compartilhando meu tempo, minha energia e meus recursos materiais com os que passam real necessidade. Estou decidido a não roubar e não possuir nada que deveria pertencer aos outros. Respeitarei a propriedade dos outros, mas impedirei que os outros se aproveitem do sofrimento humano e do sofrimento das outras espécies existentes sobre a terra.*

Os Cinco Preceitos inter-são. Se você pratica um preceito profundamente, você pratica todos os cinco. O Primeiro Preceito trata de tirar a vida, que é uma forma de roubar. Quando meditamos sobre o Segundo Preceito, vemos que o roubo – nas formas de exploração, injustiça social e opressão – é um assassinato.

Em vez de roubar, praticamos a generosidade. No budismo dizemos que existem três tipos de dons: (1) o dom dos bens materiais, (2) o dom de ajudar as pessoas a confiar em si mesmas e (3) o dom de não ter medo. Mas praticar a generosidade leva tempo. Às vezes um comprimido ou um pouco de arroz pode salvar a vida de uma criança, mas nós não pensamos que temos o tempo para ajudar. O melhor uso do nosso tempo consiste em ser generosos e estar realmente presentes aos outros. As pessoas de nosso tempo tendem a trabalhar demais, mesmo que não tenham grande necessidade de dinheiro. Parece que nos refugiamos em nosso trabalho a fim de evitar o confronto com nossa real tristeza e confusão interior. Expressamos nosso amor e cuidado pelos outros trabalhando duro; mas, se não temos tempo para as pessoas que amamos, se não podemos colocar-nos à sua disposição, como podemos dizer que as amamos?

O verdadeiro amor precisa de consciência plena. Precisamos reservar um tempo para reconhecer a presença da pessoa que amamos. "Querido, sei que você está presente e estou feliz". Isto não pode ser feito se não podemos libertar-nos de nossas preocupações e de nossa negligência. A fim de reconhecer a presença de nosso amado, precisamos oferecer a nossa presença real. Sem a prática de colocar-nos no aqui e no agora, isto parece impossível. O tempo consciente que gastamos com a pessoa que amamos é a mais plena expressão do verdadeiro amor e da real generosidade. Um rapaz de doze anos, quando seu pai lhe perguntou o que queria para seu aniversário, disse: "Papai, eu quero você!" O pai raramente estava em casa. Era bastante rico, mas trabalhava o tempo todo para prover a subsistência da família. Seu filho foi um sino da consciência plena para ele. O rapazinho compreendia que o maior dom que podemos oferecer aos nossos entes queridos é nossa verdadeira presença.

A unidade de corpo e mente

> *3. Consciente do sofrimento causado pela má conduta sexual, juro cultivar a responsabilidade e aprender maneiras de proteger a segurança e a integridade dos indivíduos, dos casais, das famílias e da sociedade. Estou decidido a não envolver-me em relações sexuais sem amor e sem um compromisso de longo prazo. A fim de preservar a felicidade de mim mesmo e dos outros, estou decidido a respeitar os meus compromissos e os compromissos dos outros. Farei tudo o que está ao meu alcance para proteger as crianças do abuso sexual e impedir que casais e famílias se rompam por causa de má conduta sexual.*

Muitos indivíduos, crianças, casais e famílias foram destruídos por má conduta sexual. Praticar o Terceiro Preceito é curar-nos a nós mesmos e curar nossa sociedade. Isto é viver atentamente.

O sentimento de solidão é universal. Acreditamos ingenuamente que ter relações sexuais nos levará a sentir-nos menos solitários. Mas, sem comunicação no nível do coração e do espírito, uma relação sexual só ampliará a distância e nos prejudicará a ambos. Sabemos que violar este preceito causa graves problemas, mas ainda não o praticamos seriamente. Os casais envolvem-se em infidelidade; e o resultado é ciúme, raiva e desespero. Quando as crianças crescem, repetem os mesmos erros, e no entanto a violação deste preceito continua sendo estimulada em revistas, programas de TV, filmes, livros e assim por diante. Encontramos constantemente temas que despertam o desejo sexual, muitas vezes associados a temas de violência. Se a nossa consciência coletiva está cheia de sementes sexuais violentas, por que ficar surpresos quando há abuso sexual de crianças, estupro e outros atos violentos?

Na tradição budista, falamos da unidade de corpo e mente. Tudo o que acontece ao corpo acontece também à mente. A saúde do corpo é a saúde da mente; a violação do corpo é a violação da mente. Uma relação sexual é um ato de comunhão entre corpo e espírito. É um encontro muito importante, que não deve ser feito de maneira casual. Em nossa alma existem certas áreas – memórias, dor, segredos – que são privadas, que compartilhamos apenas com a pessoa que amamos e na qual temos a máxima confiança. Não abrimos nosso coração e o expomos a qualquer um.

O mesmo vale para o nosso corpo. Nosso corpo tem áreas que não queremos que qualquer um toque ou delas se aproxime, a não ser que seja a pessoa que respeitamos, na qual confiamos e pela qual temos o maior amor. Quando somos abordados casualmente ou descuidadamente, com uma atitude que é menos do que delicada, nos sentimos insultados em nosso corpo e em nossa alma. Alguém que se aproxima de nós com respeito, com delicadeza e com o máximo cuidado está nos oferecendo profunda comunicação, profunda comunhão. Só neste caso é que não nos sentiremos nem um pouco magoados, usados indevidamente ou abusados. Isto não pode ser atingido sem que haja verdadeiro amor e compromisso. O sexo casual não pode ser descrito como amor. O amor é profundo, belo e perfeito, integrando corpo e espírito.

O verdadeiro amor contém respeito. Em minha tradição, espera-se que marido e mulher se respeitem mutuamente como hóspedes; e, quando você pratica este tipo de respeito, seu amor e sua felicidade continuarão por um longo tempo. Nas relações sexuais o respeito é um dos elementos mais importantes. A comunhão sexual deveria ser como um rito, um ritual executado com consciência plena e grande respeito, cuidado e amor. O mero desejo não é amor. Sem a comunhão das almas, a união dos dois corpos pode criar divisão, ampliando hiato e causando muito sofrimento.

O amor é muito mais responsável. Ele contém cuidado e implica disposição e capacidade de compreender e tornar feliz a outra pessoa. No amor verdadeiro, a felicidade não é uma questão individual. Se a outra pessoa não está feliz, será impossível nós próprios sermos felizes. A verdadeira felicidade não é possível sem certo grau de serenidade e paz em nosso coração e em nosso corpo. A paixão e excitação contém em si o elemento da perturbação. O verdadeiro amor é um processo de aprendizado e prática que introduz mais elementos de paz, harmonia e felicidade.

A expressão "compromisso de longo prazo" não expressa a profundidade do amor que sentimos por nosso parceiro ou parceira, mas precisamos dizer algo para que as pessoas entendam. Um compromisso de longo prazo é apenas um começo. Precisamos também do apoio dos amigos e de outras pessoas. É por isso que temos uma cerimônia de casamento. Duas famílias se unem com outros amigos para atestar o fato de que o casal se uniu para viver juntos. O sacerdote e a certidão de casamento são apenas símbolos. O que é importante é que o compromisso seja testemunhado por amigos e por ambas as famílias. O Terceiro Preceito pode ser praticado por todos.

Mais de uma raiz

Se uma mulher budista quiser casar-se com um homem cristão (ou vice-versa), devemos estimulá-los? A mulher precisará aprender e praticar a tradição de seu marido e o homem precisará aprender e praticar a tradição de sua mulher. Neste caso, em vez de haver apenas uma raiz espiritual, haverá duas. Mas é possível uma pessoa ter duas raízes espirituais ao mesmo tempo? Podem os dois aprender o cristianismo e o budismo e praticar as duas tradições? Sabemos que, se alguém não tem nenhuma raiz, sofrerá tremendamente. Mas o que dizer sobre a questão de ter mais de uma raiz?

Antes de eu encontrar o cristianismo, meu único ancestral espiritual era Buda. Mas, quando me encontrei com homens e mulheres maravilhosos que são cristãos, cheguei a conhecer Jesus como um grande mestre. Desde esse dia, Jesus se tornou um de meus ancestrais espirituais. Como já mencionei, sobre o altar de meu eremitério na França, tenho estátuas de Budas e bodhisattvas e também uma imagem de Jesus Cristo. Não sinto nenhum conflito dentro de mim. Ao invés, sinto-me mais forte porque tenho mais de uma raiz.

Podemos permitir que pessoas de tradições diferentes se casem livremente com nossa bênção? Podemos estimulá-los a praticar as duas tradições e enriquecer-se mutuamente?

Uma fala negligente pode matar

> *4. Consciente do sofrimento causado pela fala negligente e pela incapacidade de ouvir os outros,*

juro cultivar a fala amorosa e a escuta profunda, a fim de trazer alegria e felicidade aos outros e aliviá-los de seu sofrimento. Sabendo que as palavras podem criar felicidade ou sofrimento, juro aprender a falar honestamente, com palavras que inspirem autoconfiança, alegria e esperança. Estou decidido a não divulgar notícias que não sei se são verdadeiras e a não criticar ou condenar coisas de que não estou seguro. Abster-me-ei de proferir palavras que podem causar divisão ou discórdia, ou que podem levar a família ou a comunidade ao rompimento. Envidarei todos os esforços para reconciliar e resolver todos os conflitos, mesmo de pequenas proporções.

Na tradição budista, o Quarto Preceito é descrito como abster-se das quatro ações seguintes: (1) Não falar a verdade. Se é preto, você diz que é branco. (2) Exagerar. Você inventa ou descreve algo mais belo do que realmente é, ou como feio quando não é tão feio assim. (3) Língua bifurcada. Você se aproxima de uma pessoa e diz uma coisa e depois se aproxima de outra e diz o contrário. (4) Linguagem obscena. Você insulta ou maltrata as pessoas.

Este preceito nos admoesta a não mentir, não dizer coisas que destroem amizades e relações, mas usar uma linguagem salutar e carinhosa. É tão importante como o Terceiro Preceito para impedir que as famílias se rompam. Falar descuidadamente ou irresponsavelmente pode destruir-nos, porque, quando mentimos, deixamos de acreditar em nossa própria beleza e perdemos a confiança dos outros. Precisamos desfazer todos os preconceitos, barreiras e muros e esvaziar-nos a nós mesmos, a fim de ouvir e olhar profundamente antes de pronunciar qualquer palavra. Estar plenamente atento às nossas palavras é uma grande ajuda para nós, para nossas famílias e para nossa sociedade. Precisamos também praticar o Quarto Preceito como indivíduos e como nação. Precisamos trabalhar para desfazer os mal-entendidos que existem entre os Estados Unidos e o Vietnã, entre a França e a Alemanha, entre a Noruega e a Suécia etc. E precisamos não subestimar os mal-entendidos entre tradições religiosas. Líderes das Igrejas, diplomatas e todos nós precisamos praticar este preceito cuidadosamente.

Nunca na história da humanidade tivemos tantos meios de comunicação e, no entanto, continuamos sendo ilhas. Existe pouca comunicação real entre os membros de uma família, entre os indivíduos na sociedade e entre as nações. Não cultivamos as artes de ouvir e de falar. Precisamos aprender novamente maneiras de nos comunicarmos. Quando não podemos nos comunicar, ficamos doentes e, à medida que nossa doença piora, nosso sofrimento extravasa para outras pessoas. Quando se tornou difícil demais a partilha e a comunicação com as pessoas da nossa família, precisamos procurar um psicoterapeuta, na esperança de que ele/a escute nosso sofrimento. Os psicoterapeutas são também seres humanos. Existem os que são capazes de ouvir-nos profundamente e os que, por terem eles próprios sofrido muito, não têm essa capacidade. Os psicoterapeutas precisam treinar-se na arte de ouvir com calma e compaixão. Como pode ouvir-nos profundamente alguém que tem dentro de si tanto sofrimento, tanta cólera, irritação, medo e desespero? Se você quer frequentar um psicoterapeuta, procure encontrar alguém feliz e capaz de comunicar-se bem com seu esposo ou esposa, com os filhos, com os amigos e com a sociedade.

Treinar-nos da arte da respiração atenta é crucial para saber como cuidar de nossas emoções. Em primeiro lugar, reconhecemos, por exemplo, a presença da cólera em nós e permitimos que ela exista. Não tentamos suprimi-la ou expressá-la. Apenas trazemos a energia da consciência plena para nossa cólera e permitimos que nossa consciência plena cuide dela da mesma maneira como uma mãe segura seu filho quando ele começa a chorar. Fazemos isto praticando a respiração atenta, enquanto estamos sentados ou caminhando. Caminhar sozinho num parque ou ao longo de um rio, coordenando nossos passos com nossa respiração, é uma maneira muito eficaz de cuidar de nossa cólera, de acalmá-la.

Em seu Discurso sobre a Respiração Atenta, Buda ensinou: "Inspirando, reconheço meu sentimento. Expirando, acalmo meu sentimento". Se você praticar isto, não só seu sentimento se acalmará, mas a energia da consciência plena o ajudará a penetrar também na natureza e nas raízes de sua cólera. A consciência plena ajuda você a concentrar-se e olhar profundamente. Essa é a verdadeira meditação. O discernimento virá após algum tempo de prática. Você verá a verdade acerca de você mesmo e a verdade acerca da pessoa que, em sua opinião, foi a causa de seu sofrimento. Este discernimento libertará você de sua cólera e transformará as raízes da cólera existentes em você. A transformação em você ajudará também a transformar a outra pessoa.

A fala atenta pode trazer verdadeira felicidade e a fala negligente pode matar. Quando alguém nos conta algo que nos torna felizes, isso é um dom maravilhoso. Mas às vezes alguém nos conta algo tão cruel e confrangedor que nós nos sentimos como que cometendo suicídio. Perdemos nossa *joie de vivre*.

O Quarto Preceito está ligado também ao Segundo Preceito, sobre o roubo. Muitas pessoas precisam mentir a fim de ser bem-sucedidas como políticos ou comerciantes. O diretor de comunicações de uma empresa me disse que, se tivesse a permissão de contar a verdade sobre os produtos de sua empresa, as pessoas não os comprariam. Ele fala coisas positivas sobre os produtos sabendo que não são verdadeiras e se abstém de falar sobre seus efeitos negativos. Ele sabe que está mentindo e se sente mal com isso. Muitas pessoas se veem enredadas em situações desse tipo. Na política, as pessoas mentem para ganhar votos.

Este preceito está ligado também ao Terceiro Preceito, sobre a responsabilidade sexual. Quando alguém diz "eu amo você", isso pode ser uma mentira. Pode ser apenas uma expressão do desejo. Muita propaganda está ligada ao sexo. Existe um dito em vietnamita: "Não custa nada ter uma fala amorosa". Basta apenas escolher cuidadosamente nossas palavras e podemos tornar felizes outras pessoas. Usar as palavras atentamente, com ternura, é praticar a generosidade. Por isso, este preceito está ligado diretamente ao Segundo Preceito. Podemos tornar muitas pessoas felizes simplesmente praticando a fala carinhosa. Novamente vemos a natureza do interser dos Cinco Preceitos.

Consumo atento

> 5. *Consciente do sofrimento causado pelo consumo desatento, juro cultivar uma boa saúde, tanto física como mental, no tocante a mim mesmo, à minha família e à minha sociedade, praticando o comer, o beber e o consumir atentos. Juro ingerir apenas itens que preservam a paz, o bem-estar e a alegria em meu corpo, em minha consciência e no corpo e na consciência coletivos de minha família e de minha sociedade. Estou determinado a não usar álcool ou qualquer outra coisa intoxicante ou ingerir alimentos ou outros itens que contêm toxinas, como certos programas de TV, revistas, livros, filmes e conversas. Estou consciente de que prejudicar meu corpo ou minha consciência com estes venenos é trair meus ancestrais, meus pais, minha sociedade e as gerações futuras. Trabalharei para transformar a violência, o medo, a cólera e a confusão em mim mesmo e na sociedade, praticando uma dieta para mim mesmo e para a sociedade. Compreendo que uma dieta apropriada é crucial para a autotransformação e para a transformação da sociedade.*

Na vida moderna as pessoas pensam que seu corpo pertence a elas e que podem fazer-lhe o que quiserem. Quando assumem essa determinação, a lei as apoia. Esta é uma das manifestações do individualismo. Mas, de acordo com os ensinamentos da vacuidade, do não-eu e do interser, o corpo de você não é apenas seu. Pertence também a seus ancestrais, a seus pais e parentes, às futuras gerações e a todos os outros seres vivos. Todas as coisas, até as árvores e as nuvens, se juntaram para ocasionar a presença de seu corpo. Manter seu corpo saudável é a melhor maneira de expressar sua gratidão ao cosmos inteiro, a todos os ancestrais e também de não trair as gerações futuras. Você pratica este preceito para todos. Se você é saudável, cada um pode beneficiar-se com isso. Quando você consegue sair da concha de seu pequeno eu, você verá que está inter-relacionado com todos e com tudo, que cada ato seu está ligado a toda a humanidade e a todo o cosmos. Manter-se saudável no seu corpo e na sua mente é ser benévolo com todos os seres. O Quinto Preceito trata da saúde e da cura.

Este preceito nos manda não ingerir venenos que podem destruir nossa mente e nosso corpo. Deveríamos evitar especialmente o álcool e outros intoxicantes que causam tanto sofrimento aos indivíduos envolvidos e às vítimas da intoxicação – membros da família abusados, os feridos em acidentes de trânsito etc. O abuso do álcool é um dos principais sintomas do mal-estar em nosso tempo. Sabemos que os viciados em álcool precisam abster-se cem por cento. Mas Buda pediu que os que tomam um copo de vinho apenas por semana também se abstenham de beber. Por quê? Porque nós praticamos por todos, inclusive pelos que têm uma propensão ao alcoolismo. Se renunciamos ao nosso copo de vinho, é para mostrar aos nossos filhos, aos nossos amigos e à nossa sociedade que nossa vida não se destina apenas a nós, mas também aos nossos ancestrais, às gerações futuras e à nossa sociedade. Deixar de beber um copo de vinho por semana, mesmo que não nos tenha causado nenhum prejuízo, é uma prática profunda: o discernimento de alguém que sabe que tudo o que fazemos é para nossos ancestrais e para todas as gerações futuras. Penso que, com este tipo de discernimento, o uso de drogas por tantos jovens poderia cessar.

Quando alguém lhe oferece um copo de vinho, você pode sorrir e recusar, dizendo: "Não, obrigado. Eu não bebo álcool. Eu agradeceria se me trouxesse um copo de suco ou de água". Se você o fizer delicadamente, com um sorriso, sua recusa é muito útil. Oferece um exemplo para muitos amigos, inclusive para as crianças presentes. Temos à disposição tantas bebidas deliciosas e saudáveis – por que continuar prestigiando uma bebida que causa tanto sofrimento? Perguntei a rabinos, sacerdotes e monjas se pensavam ser possível substituir o vinho por suco de uva nos rituais do Shabat, na Eucaristia e em outras ocasiões sacramentais, e eles disseram que sim.

Precisamos também ter o cuidado de evitar a ingestão de toxinas na forma de programas violentos de TV, videogames, filmes, revistas e livros. Se assistimos a este tipo de violência, estamos regando nossas sementes ou tendências negativas e acabamos pensando e agindo motivados por essas sementes. Por causa das toxinas violentas na mente de tantas pessoas, e também em nossa mente, tornou-se perigoso andar à noite em muitas cidades. Os jovens passam horas e horas diante de programas de TV e sua mente é invadida por programas selecionados por produtores irresponsáveis.

O Quinto Preceito nos exorta a encontrar alimento espiritual saudável não só para nós, mas também para nossos filhos e para as gerações futuras. Alimento espiritual saudável pode ser encontrado olhando para o céu azul, para as flores da primavera ou para os olhos de uma criança. A mais básica prática de meditação de tornar-nos conscientes de nosso corpo, de nossa mente e de nosso mundo nos proporciona um estado muito mais rico e gratificante, que as drogas nunca poderiam nos fornecer. Podemos celebrar as alegrias que nos estão disponíveis nestes prazeres simples.

O uso do álcool e das drogas está causando tanto dano às nossas sociedades e famílias. Os governos utilizam aeronaves, armas e exércitos para tentar acabar com o fluxo das drogas, com pouco sucesso. Os usuários de drogas sabem como seu hábito é nocivo, mas não conseguem parar. Existe neles tanta dor e solidão, e o uso de álcool e drogas os ajuda a esquecer por algum tempo. Uma vez viciadas em álcool ou drogas, as pessoas podem fazer de tudo para conseguir as drogas de que necessitam – mentir, roubar, assaltar ou até matar. Tentar acabar com o tráfico de drogas não é a melhor maneira de usar os nossos recursos. Oferecer educação, alternativas saudáveis e esperança, e estimular as pessoas a praticar o Quinto Preceito, são soluções muito melhores. Para restaurar nosso equilíbrio e transformar nossa dor e solidão que já está dentro de nós, precisamos estudar e praticar a arte de tocar e ingerir os elementos reconfortantes, nutritivos e curativos que já estão disponíveis. Precisamos praticar juntos como família, comunidade e nação. A prática do consumo atento deveria fazer parte de nossa política nacional de saúde. Praticá-la deveria ser uma prioridade máxima.

Os Cinco Preceitos Maravilhosos são o remédio correto para curar-nos. Precisamos apenas observar-nos a nós mesmos e os que estão ao nosso redor para ver a verdade. Nossa estabilidade e a estabilidade de nossas famílias e da sociedade não podem ser obtidas sem a prática desses preceitos. Se consideramos os indivíduos e famílias que são instáveis e infelizes, ficamos espantados ao ver como muitos deles não praticam estes preceitos saudáveis e portadores de vida. Você mesmo pode fazer o diagnóstico e depois verificar que o remédio está disponível. Praticar estes preceitos é a melhor maneira de restaurar a estabilidade em nossas famílias e em nossa sociedade.

A prática da consciência plena consiste em estar consciente do que está acontecendo. Quando conseguirmos ver profundamente o sofrimento e as raízes do sofrimento, seremos motivados a agir, a praticar. A energia de que precisamos não é medo ou cólera, mas compreensão e compaixão. Não há necessidade de censurar ou condenar. Os que destroem a si mesmos, suas famílias e sua sociedade não o fazem intencionalmente. Sua dor e solidão são avassaladoras e eles querem fugir. Eles precisam ser ajudados, não punidos. Só a compreensão e a compaixão em nível coletivo podem nos libertar. A prática dos Cinco Preceitos Maravilhosos é a prática da consciência plena e da compaixão. Eu exorto você a praticá-los como são apresentados aqui, ou retornar à sua própria tradição e lançar luz sobre as joias que já estão presentes ali.

O amor verdadeiro nunca acaba

No judaísmo somos estimulados a desfrutar o mundo estando conscientes de que o mundo é o próprio Deus. Mas existem limites, e os Dez Mandamentos, dados por Deus a Moisés no Monte Sinai, expressam isto. Os Dez Mandamentos são uma joia preciosa da herança judeu-cristã, que nos ajuda a saber o que fazer e o que não fazer a fim de amar a Deus por toda a nossa vida.

Todos os preceitos e mandamentos tratam do amor e da compreensão. Jesus deu aos seus discípulos o mandamento de amar a Deus com todo o seu ser e amar seu próximo como a si mesmos. Na primeira carta aos Coríntios se diz: "O amor é paciente, o amor é prestativo. Não é invejoso, arrogante, ou rude. Não é interesseiro. Não se irrita nem guarda rancor. Não se alegra com a injustiça, mas se regozija na verdade". Isto se aproxima muito dos ensinamentos do amor e da compaixão no budismo.

"O amor tudo desculpa, tudo crê, tudo suporta". O amor não tem limites. O amor nunca acaba. O amor renasce, e renasce e renasce. O amor e o cuidado de Cristo renascem em cada um de nós da mesma forma que o amor de Buda. Se invocamos o nome de Buda ou rezamos a Cristo, mas não praticamos o amor e a compreensão, algo está errado. Se amamos alguém, precisamos ser pacientes. Só podemos ajudar uma pessoa a transformar suas sementes negativas se nós formos pacientes e benévolos.

Cuidar bem de você mesmo e cuidar bem dos seres vivos e do meio ambiente é a melhor maneira de amar a Deus. Este amor é possível quando há compreensão de que não estamos separados dos outros seres ou do meio ambiente. Esta compreensão não pode ser meramente intelectual. Deve ser experiencial, deve ser o discernimento obtido por tocar profundamente e olhar profundamente, numa vida diária de oração, contemplação e meditação.

"O amor não se alegra com a injustiça". O amor nos ensina a não agir de maneiras que causem sofrimento agora e no futuro. Podemos discernir quando algo aparentemente prazeroso tem a capacidade de destruir a felicidade futura, e por isso não abusamos do álcool, não ingerimos alimentos prejudiciais à saúde, nem prejudicamos os outros com nossas palavras. O verdadeiro amor nunca acaba. Renascerá sempre de novo.

Praticar e compartilhar

O ativista da paz A.J. Muste disse: "Não existe um caminho para a paz. A paz é o caminho". Ele quis dizer que podemos realizar a paz já no momento presente com cada olhar, sorriso, palavra e ação. A paz não é apenas um fim. Cada passo que damos deveria ser paz, deveria ser alegria, deveria ser felicidade. Os preceitos e os mandamentos nos ajudam a viver em paz, cientes do que fazer e do que não fazer no momento presente. São tesouros que nos conduzem por um caminho de beleza, salubridade e verdade. Eles contêm a sabedoria das nossas tradições espirituais; e, quando os praticamos, nossa vida se torna uma verdadeira expressão de nossa fé, e nosso bem-estar se torna um estímulo para nossos amigos e para a sociedade.

Nossa felicidade e a felicidade dos outros dependem não só de algumas pessoas se tornarem atentas e responsáveis. Toda a nação precisa estar consciente. Os preceitos e os mandamentos precisam ser respeitados e praticados pelos indivíduos e por toda a nação. Quando tantas famílias estão despedaçadas, o tecido da sociedade está rasgado. Precisamos considerar isto profundamente, a fim de compreender a natureza destes preceitos e mandamentos. Todos precisam participar do trabalho. Para nosso mundo ter um futuro, precisamos de diretrizes comportamentais básicas. Elas são o melhor remédio disponível para proteger-nos da violência presente em todo lugar. Praticar preceitos ou mandamentos não é uma questão de suprimir ou limitar nossa liberdade. Os preceitos e mandamentos nos proporcionam uma maneira maravilhosa de viver e podemos praticá-los com alegria. Não se trata de forçar-nos a nós mesmos ou forçar os outros a obedecer a normas.

Nenhuma tradição individual monopoliza a verdade. Precisamos respigar os melhores valores de todas as tradições e colaborar para remover as tensões entre tradições a fim de dar uma chance à paz. Precisamos unir-nos e procurar maneiras de ajudar as pessoas a desenraizar-se. Precisamos propor o melhor plano de saúde física, mental e espiritual para nossa nação e para a terra. Para um futuro ser possível, exorto você a estudar e praticar os melhores valores de sua tradição religiosa e compartilhá-los com os jovens de maneira que eles possam compreender. Se meditarmos juntos como família, como comunidade, como cidade e como nação, conseguiremos identificar as causas do nosso sofrimento e encontrar saídas.

8

Buscando um refúgio

Uma ilha segura

Em toda tradição religiosa existe uma prática devocional e uma prática transformacional. Devoção significa confiar mais em nós mesmos e no caminho que estamos seguindo. Ambos estes caminhos podem ajudar-nos a aliviar o sofrimento. Mas ser devoto do Dharma pode ser diferente de praticar o Dharma. Quando você diz: "Eu me refugio no Dharma", você mostra sua fé nele, mas isso pode não ser a mesma coisa que praticar. Quando você diz: "Quero tornar-me médico", você expressa sua determinação de praticar a medicina. Mas, para se tornar um médico, você precisa gastar sete ou oito anos estudando e praticando a medicina. Quando você diz: "Eu me refugio no Buda, no Dharma e na Sangha", isso pode ser apenas a disposição de praticar. Não é porque você faz uma declaração que você já está praticando. Você entra no caminho da transformação quando começa a praticar as coisas que você pronuncia.

Mas pronunciar palavras pode ter um efeito. Quando você diz: "Estou determinado a estudar medicina", isto já causa um impacto em sua vida, mesmo antes de se candidatar a uma escola de medicina. Você quer fazê-lo e, por causa de sua disposição e desejo, você encontrará uma maneira de frequentar a escola. Quando você diz: "Eu me refugio no Dharma", você está expressando confiança no Dharma. Você vê o Dharma como algo positivo e quer orientar-se para ele. Isto é devoção. Quando você aplica o Dharma em sua vida diária, isto é prática transformacional.

A consciência plena é a chave. Quando adquire consciência de algo, você começa a ficar iluminado. Quando você bebe um copo de água e está consciente – nas profundezas de todo seu ser – de que está bebendo um copo de água, ali está presente a iluminação em sua forma inicial. Estar iluminado é sempre estar iluminado a respeito de algo. Estou iluminado a respeito do fato de estar bebendo um copo de água. Posso obter alegria, paz e felicidade simplesmente por causa desta iluminação. Quando você olha para o céu azul e tem consciência disso, o céu se torna real e você se torna real. Isso é iluminação e a iluminação provoca verdadeira vida e verdadeira felicidade. A substância de um Buda é a consciência plena. Cada vez que pratica a respiração consciente, você é um Buda vivo. Voltar a você mesmo e deter-se na consciência plena é a melhor prática em momentos difíceis. A consciência plena da respiração é sua ilha, onde você pode estar seguro e feliz, sabendo que, aconteça o que acontecer, você está fazendo a melhor coisa que pode fazer. Esta é a maneira de refugiar-se no Buda, não como mera devoção, mas como prática transformacional. Você não precisa abandonar este mundo. Você não precisa ir ao céu ou esperar o futuro para ter um refúgio. Você pode refugiar-se aqui e agora. Basta viver profundamente no momento presente.

A consciência plena é o refúgio

No budismo nós nos refugiamos em Três Joias – Buda, Dharma e Sangha. Estes refúgios são uma prática muito profunda. São a trindade budista:

> *Eu me refugio no Buda,*
> *aquele que me mostra o caminho nesta vida.*
> *Eu me refugio no Dharma,*
> *o caminho da compreensão e do amor.*
> *Eu me refugio na Sangha,*
> *a comunidade que vive em harmonia e consciência.*

Há muitos anos encontrei algumas crianças numa praia no Sri Lanka. Há muito tempo eu não via crianças assim, crianças descalças numa ilha muito verde sem nenhum sinal de poluição industrial. Não eram crianças de favelas; eram da zona rural. Eu as vi, e para mim elas formavam uma bela parte da natureza. Como eu estava na praia sozinho, as crianças correram em minha direção. Eu não sabia a língua delas e elas não sabiam a minha; por isso abracei-as pelos ombros – todas as seis – e permanecemos assim por um longo tempo. De repente me dei conta de que, se eu cantasse uma oração na antiga língua budista páli, elas poderiam reconhecê-la. Por isso comecei a cantar: "*Buddham saranam gacchami*" (Eu me refugio no Buda). Elas não só a reconheceram, mas continuaram o canto. Quatro delas juntaram as mãos e cantaram, enquanto as outras duas ficaram respeitosamente em pé. Este canto é uma oração comum, como o Pai-nosso. "Eu me refugio no Buda. Eu me refugio no Dharma. Eu me refugio na Sangha".

Acenei para as duas crianças que não estavam cantando para que se juntassem a nós. Elas sorriram, juntaram as mãos e cantaram em páli: "Eu me refugio na Mãe Maria". A música de sua oração não era muito diferente da música budista. Então abracei cada criança. Elas ficaram um pouco surpresas, mas eu tive uma sensação de união com cada uma delas. Elas me deram uma sensação de profunda serenidade e paz. Todos nós precisamos de um lugar suficientemente seguro e saudável para voltar ao refúgio. No budismo esse refúgio é a consciência plena.

O fundamento da estabilidade e da calma

Quando estávamos no seio materno, nós nos sentíamos seguros – protegidos do calor, do frio e da fome. Mas, no momento em que nascemos e entramos em contato com o sofrimento do mundo, começamos a chorar. Desde então, temos ansiado por retornar à segurança do seio de nossa mãe. Almejamos permanência, mas tudo está mudando. Desejamos um absoluto, mas até o que denominamos nosso "eu" é impermanente. Procuramos um lugar onde possamos sentir-nos salvos e seguros, um lugar ao qual possamos recorrer por um longo tempo. Quando tocamos o chão, sentimos a estabilidade da terra e nos sentimos confiantes. Quando observamos a regularidade da luz solar, do ar e das árvores, sabemos que podemos esperar que o sol nascerá todos os dias e que o ar e as árvores estarão ali amanhã. Quando construímos uma casa, a construímos sobre um terreno sólido. Antes de depositar nossa confiança em outros, precisamos escolher amigos que sejam estáveis, nos quais podemos confiar. O "refugiar-se" não se baseia numa fé cega, fantasia ou doce ilusão. É calibrado por nossa experiência real.

Todos nós precisamos de algo bom, belo e verdadeiro no qual acreditar. Refugiar-se na consciência plena, nossa capacidade de ter consciência do que está acontecendo no momento presente, é seguro e de modo algum abstrato. Quando bebemos um copo de água e sabemos que estamos bebendo um copo de água, isto é consciência plena. Quando nos sentamos, andamos, ficamos de pé ou respiramos, e sabemos que estamos sentados, andando, de pé ou respirando, entramos em contato com a semente da consciência plena em nós e, depois de alguns dias, nossa consciência plena se tornará mais forte. A consciência plena é a luz que nos mostra o caminho. É o Buda vivo dentro de nós. A consciência plena suscita discernimento, despertar e amor. Todos nós temos a semente da consciência plena dentro de nós e, mediante a prática da respiração consciente, podemos aprender a tocá-la. Quando nos refugiamos na trindade budista – Buda, Dharma e Sangha – estamos nos refugiando em nossa consciência plena, em nossa respiração atenta e nos cinco elementos que compõem nosso eu:

> *Inspirando e expirando,*
> *Buda é minha consciência plena, brilhando perto,*
> *brilhando longe.*
> *Dharma é minha respiração consciente, que acalma meu corpo e minha mente.*
> *Eu estou livre.*
> *Inspirando, expirando,*

a Sangha constitui meus cinco skandhas, traba-
lhando em harmonia.
Refugiando-me em mim mesmo,
retornando a mim mesmo,
eu estou livre.

Quando praticamos este exercício, ele nos leva diretamente a um lugar de paz e estabilidade, ao lugar mais calmo
e mais estável aonde podemos ir. Buda ensinou: "Seja uma
ilha para você mesmo. Refugie-se em você mesmo e em nenhum outro lugar". Esta ilha é a consciência plena correta,
a natureza desperta, o fundamento da estabilidade e da calma que reside em cada um de nós. Esta ilha ilumina nosso
caminho e nos ajuda a ver o que fazer e o que não fazer.
Quando nossos cinco *skandhas* – forma, sentimentos, percepções, estados mentais e consciência – estão em harmonia, haverá naturalmente ação correta e paz. A respiração
consciente produz calma e harmonia. Conscientes de que
praticar este caminho é a melhor coisa que podemos fazer,
nos sentiremos fortes e seremos um verdadeiro instrumento para ajudar os outros.

Abraçar, não brigar

Na Igreja cristã ortodoxa, a ideia da Trindade é muito
profunda. Às vezes nossos irmãos ortodoxos denominam a
Trindade seu "programa social". Eles começam com o Espírito Santo e o Filho. O Pai pertence ao campo da inexpres-
sabilidade, mas é possível entrar em contato com o Filho
e o Espírito Santo. Temos a capacidade de reconhecer a
presença do Espírito Santo sempre e onde quer que ele se

manifeste. Ele é também a presença da consciência plena, da compreensão e do amor, a energia que anima Jesus e nos ajuda a reconhecer o Cristo vivo. Quando um cristão faz o sinal da cruz ou pronuncia os nomes do Pai, do Filho e do Espírito Santo, ele está se refugiando.

Buda disse que seu corpo de ensinamentos permaneceria com seus discípulos, mas que cabia a eles fazê-lo perdurar. Se não praticamos, existem apenas livros e gravações; mas, se praticamos, o corpo do Dharma será um Dharma vivo. Dharmakaya chegou posteriormente a significar a alma de Buda, o espírito de Buda, o verdadeiro Buda ou a natureza de Buda. Desenvolveu um sabor ontológico – fundamento de todo ser, fundamento de toda iluminação. Finalmente, tornou-se equivalente a talidade, nirvana e *tathagatagarbha* (o útero do Tathagata). É um desenvolvimento natural. O Dharma é a porta que dá acesso a muitos sentidos.

Na Igreja ortodoxa grega a ideia da deificação, de que uma pessoa é um microcosmo de Deus, é muito inspiradora. Aproxima-se da tradição asiática que afirma que o corpo de um ser humano é um microcosmo. Deus fez os humanos de tal maneira que possam tornar-se Deus. Um ser humano é um mini-Deus, um *mikro-theos* que foi criado para participar da divindade de Deus. A deificação é feita não só do espírito, mas também do corpo de um ser humano. De acordo com a doutrina da Trindade na Igreja ortodoxa, o Pai é a fonte da divindade que engendra o Filho. Com a Palavra (*Logos*), ele produz o Espírito que está vivo no Filho. Isso se assemelha muito à natureza não dual de Buda, do Dharma e da Sangha.

Alphonse Daudet escreveu sobre um pastor numa montanha que fez o sinal da cruz ao ver uma estrela cadente. A crença popular é que, no momento em que alguém vê uma estrela cadente, sua alma está entrando no céu. Fazer o sinal da cruz é uma forma de refugiar-se no Pai, no Filho e no Espírito Santo. Quando você acredita que algo é a encarnação do mal, você segura uma cruz para afugentá-lo. No budismo popular, quando as pessoas veem algo que consideram prejudicial, elas invocam o nome de Buda. Todas estas práticas são práticas de devoção. Quando você acende a luz, a escuridão desaparece. Podemos entender isso como uma espécie de luta entre a luz e as trevas, mas na realidade é um abraço. A consciência plena, se praticada continuamente, será forte o suficiente para você abraçar seu medo ou sua cólera e transformá-los. Não precisamos escorraçar o mal. Podemos abraçá-lo e transformá-lo de uma maneira não violenta, não dualista.

Tocando o Cristo vivo

Quando invocamos o nome de Buda, evocamos as mesmas qualidades-de-Buda existentes em nós mesmos. Praticamos a fim de fazer com que Buda se torne vivo dentro de nós, de modo que possamos libertar-nos de aflições e apegos. Mas muitos que invocam o nome de Buda o fazem sem procurar tocar realmente as sementes de Buda existentes dentro deles. Existe uma história de uma mulher que invocava o nome de Buda cem vezes por dia sem nunca tocar a essência de um Buda. Depois de praticar por dez anos, ela ainda estava cheia de cólera e irritação. Seu vizinho observou isso e certa vez, quando ela estava fazendo sua prática invocando o nome de Buda, bateu à porta e gritou: "Senhora Ly, abra a porta!" Ela ficou tão incomodada por ser perturbada que tocou seu sino com força a fim de que o vizinho ouvisse que ela estava cantando e deixasse de perturbá-la. Mas ele continuou chamando: "Senhora Ly, Senhora Ly, eu preciso falar com você". Ela ficou furiosa, jogou o sino no chão e correu até a porta gritando: "Você não vê que estou invocando o nome de Buda? Por que está me incomodando?" O vizinho respondeu: "Eu só invoquei seu nome doze vezes e veja como você ficou irritada. Imagine como Buda deve estar irritado depois de você passar dez anos invocando seu nome!"

Os cristãos podem agir exatamente como a Senhora Ly, se apenas seguirem os rituais mecanicamente ou rezarem sem estar realmente presentes. Por isso, eles têm sido exortados por líderes cristãos a praticar "a Oração do Coração". No cristianismo, como também no budismo, muitas pessoas têm pouca alegria, conforto, tranquilidade, alívio ou amplitude de espírito em sua prática. Mesmo que continuem agindo dessa maneira por cem anos, não tocarão o Buda vivo ou o Cristo vivo. Se os cristãos que invocam o nome de Jesus se prendem apenas às palavras, podem perder de vista a vida e o ensinamento de Jesus. Praticam apenas a forma, não a essência. Quando você pratica a essência, sua mente se torna clara e você atinge a alegria. Os cristãos que rezam a Deus precisam também aprender profundamente a arte de viver de Cristo se quiserem penetrar em seus ensinamentos. É regando as sementes das qualidades despertas que já existem em nós, é praticando a consciência plena, que tocamos o Buda vivo ou o Cristo vivo.

Uma mini-Terra Pura

Eu me tornei monge com a idade de dezesseis anos na tradição do Zen, mas em nosso templo nós praticamos também o budismo da Terra Pura. O budismo da Terra Pura, muito popular em toda a Ásia Oriental, ensina às pessoas que, se elas praticam corretamente agora, renascerão no Paraíso Ocidental do Buda Amida, na Terra da Alegria Maravilhosa do Buda Akshobhya ou no Céu da Gratidão do Buda Maitreya. Uma Terra Pura é uma terra, talvez no espaço e no tempo, talvez em nossa consciência, onde a violência, o ódio, o desejo insaciável e a discriminação foram reduzidos ao mínimo, porque muitas pessoas estão praticando a compreensão e a benevolência sob a orientação de um Buda e diversos bodhisattvas. Cada praticante do caminho de Buda é, mais cedo ou mais tarde, motivado pelo desejo de estabelecer uma Terra Pura, onde possa compartilhar com outros sua alegria, sua felicidade e sua prática. Eu próprio procurei diversas vezes estabelecer uma pequena Terra Pura para compartilhar a prática da alegria e da paz com amigos e alunos. No Vietnã, esta pequena Terra Pura foi Phuong Boi no planalto central e na França é nosso centro de prática Plum Village. Um ashram, como a Comunidade da Arca na França, é também uma Terra Pura. Um Grande Ser Iluminado deveria ser capaz de estabelecer uma grande Terra Pura. Outros dentre nós se esforçam para começar uma Mini-Terra Pura. Esta é apenas uma tendência natural de compartilhar a felicidade.

Uma Terra Pura é um lugar ideal para você ir praticar até tornar-se plenamente iluminado. Muitos na Ásia praticam a lembrança do Buda (*Buddhanusmrti*), refletindo sobre as qualidades de Buda – visualizando-o ou invocando seu nome – a fim de renascer em sua Terra Pura. Durante o tempo de prática, eles vivem numa espécie de refúgio nesse Buda. Estão perto dele e também regam a semente da budidade em si mesmos. Mas as Terras Puras são impermanentes. No cristianismo, o Reino de Deus é o lugar aonde você vai para passar a eternidade. Mas no budismo a Terra Pura é uma espécie de universidade onde você pratica com um professor por algum tempo, se gradua e depois retorna aqui para continuar. Finalmente você descobre que a Terra Pura está em seu próprio coração, que você não precisa dirigir-se a um lugar distante. Você pode estabelecer sua própria mini-Terra Pura, uma Sangha de prática, aqui mesmo, agora mesmo. Mas muitas pessoas precisam ir para longe antes de dar-se conta de que não precisam ir a lugar nenhum.

Prática devocional e transformacional

A prática de refugiar-se pode ser feita todos os dias, diversas vezes ao dia. Sempre que se sentir agitado, triste, amedrontado ou aflito, você pode voltar à sua ilha da consciência plena. Se você pratica quando não está passando dificuldade, será mais fácil voltar à sua ilha do eu do que quando a necessidade for grande. Não espere até ser atingido por uma onda para voltar à sua ilha. Pratique cada dia, vivendo atentamente cada momento de sua vida, e a prática se tornará um hábito. Então, quando chegar um momento difícil, será natural e fácil refugiar-se. Caminhar, respirar, sentar-se, comer e tomar chá são todas práticas de refúgio. Isto não é uma questão de crença. Está bem fundamentado na experiência. Se alguma vez eu estiver num avião e o piloto anuncia que o avião está prestes a espatifar-se, praticarei a respiração atenta e me refugiarei na ilha do eu. Sei que esta é a melhor coisa que posso fazer. Se, lá embaixo, você sabe que estou praticando a respiração atenta e refugiando-me na ilha do eu, você terá confiança. Nos aeroportos eu sempre pratico a meditação andando. Procuro partir cedo para o aeroporto, de modo que não precise apressar-me quando estou lá. A respiração atenta une o corpo e a mente. Para muitas pessoas a consciência plena é o cerne da meditação budista. É a primeira condição para entrar profundamente em contato com qualquer coisa. Quando pratica a consciência plena, você entra em contato com o Espírito Santo e se torna pacífico e estável.

O refúgio nas Três Joias está no fundamento de toda prática budista. O refúgio na Trindade está no fundamento de toda prática cristã. A prática devocional e a prática transformacional podem parecer diferentes, mas a prática devocional pode também ser transformacional, e a prática transformacional requer devoção. A prática devocional confia mais no outro, mas existe também um esforço pessoal. A prática transformacional confia no eu, mas uma comunidade e um mestre também são necessários. A consciência plena e o Espírito Santo estão no cerne de ambas.

9

A OUTRA MARGEM

Continuação

Pesquisas recentes mostram que quase um quarto dos europeus e norte-americanos acredita em alguma forma de reencarnação. Ao que parece, sentimos que deve existir uma próxima vida, para que aqueles que agiram impropriamente nesta vida paguem por suas maldades. Ou sentimos que esta vida terrestre é breve demais para ser decisiva por toda a eternidade. Ou temos medo de que, ao morrer, podemos ser reduzidos ao nada. Por isso, revoltados com o fato de que precisamos morrer, preferimos a ideia de continuar com um novo corpo, como se trocássemos de roupa. Continuaremos ou não após a morte? Como? Onde? Quando?

A reencarnação implica uma reentrada da alma no corpo. O teólogo cristão Orígenes, do século III d.C., ensinou sobre a preexistência da alma desde toda a eternidade antes de sua incorporação num corpo, uma espécie de "pré-encarnação". Esta ideia está realmente próxima da reencarnação, porque, se você se encarnou uma vez, poderia reencarnar-se duas vezes ou mais. O Concílio de Constantinopla do século VI condenou Orígenes por seu ensinamento. Mesmo hoje a maioria dos líderes cristãos diz que a ideia da reencarnação não se harmoniza com o cristianismo. Mas ressurreição tem a ver com reencarnação. Uma alma imortal não precisa ser ressuscitada. O corpo é que precisa. De acordo com o Juízo Final, todos terão seu *corpo* ressuscitado. Certamente há elementos da reencarnação presentes nos ensinamentos do cristianismo.

Manifestação e remanifestação

Em princípio, podemos pensar a reencarnação como uma alma entrando num corpo. O corpo é considerado impermanente e a alma é considerada permanente; e, quando ficamos livres de um corpo, reentramos num outro. Você pode ficar surpreso ao saber que as pessoas na Ásia budista não gostam da reencarnação. Elas querem que o círculo de nascimento e morte termine, porque sabem que esse círculo representa sofrimento sem fim. No budismo popular, a reencarnação é aceita literalmente, sem muita verificação; mas, à medida que continuamos a estudar e praticar, a ideia de uma alma imortal dá lugar a outra ideia que se aproxima mais da realidade. Se estudarmos os ensinamentos de Buda e se observarmos nossa própria mente, descobriremos que não existe nada permanente nos constituintes daquilo que denominamos nosso "eu". Buda ensinou que a assim chamada "pessoa" consiste realmente em cinco elementos (skandhas) que se reúnem por um período limitado de tempo: nosso corpo, nossos sentimentos, nossas percepções, nossos estados mentais e nossa consciência. Estes elementos estão, na verdade, mudando o tempo todo. Nenhum elemento individual permanece o mesmo por dois momentos consecutivos.

Não só nosso corpo é impermanente, mas nossa alma também é impermanente. Também a alma é composta apenas de elementos como sentimentos, percepções, estados mentais e consciência. Quando a ideia de uma alma *imortal* é substituída, nossa compreensão da reencarnação se aproxima mais da verdade. A ideia de reencarnação ainda está presente de alguma maneira, mas nossa compreensão é diferente. Vemos que existem apenas constituintes que mudam rapidamente.

No budismo, não utilizamos de fato a palavra "reencarnação". Nós dizemos "renascimento". Mas mesmo o renascimento é problemático. De acordo com os ensinamentos de Buda, também não existe "nascimento". Nascimento geralmente significa que do nada você se torna algo e morte geralmente significa que de algo você se torna nada. Mas se observamos as coisas ao nosso redor, descobrimos que nada vem do nada. Antes de seu assim chamado nascimento, esta flor já existia em outras formas – nuvens, luz solar, sementes, terra e muitos outros elementos. Em vez de nascimento e renascimento, é mais exato dizer "manifestação" (*vijñapti*) e "remanifestação". O assim chamado dia do nascimento da flor é na verdade um dia de sua remanifestação. Ela já esteve aqui sob outras formas e agora fez um esforço para remanifestar-se. Manifestação significa que seus constituintes sempre estiveram presentes de alguma forma e agora, já que as condições são suficientes, ela é capaz de manifestar-se como uma flor. Quando as coisas se manifestam, dizemos geralmente que elas nascem; mas, na verdade, elas não nascem. Quando as condições não são mais suficientes e a flor deixa de manifestar-se, dizemos que a flor morreu; mas também isso não é correto. Seus constituintes simplesmente se transformaram em outros elementos, como adubo orgânico e terra. Precisamos transcender noções como nascimento, morte, ser e não-ser. A realidade está livre de todas as noções.

A verdadeira fé é viva

No início talvez tenhamos iniciado o caminho do budismo graças a uma crença na reencarnação; mas, à medida que continuamos a praticar e a tocar a realidade, nossas crenças mudam. Não precisamos ter medo disto. No decurso de nosso estudo e de nossa prática, à medida que tocamos a realidade cada vez mais profundamente, nossas crenças evoluem naturalmente e se tornam mais sólidas. Quando nossas crenças se baseiam em nossa própria experiência direta da realidade, e não em noções oferecidas por outros, ninguém pode remover de nós estas crenças. Estabelecer um compromisso de longo prazo com um conceito é muito mais perigoso. Se passamos dez anos sem o crescimento de nossa crença, algum dia acordaremos e descobriremos que já não acreditamos mais no que fizemos. A noção de dez anos atrás já não é sensata ou adequada e mergulhamos nas trevas da descrença.

Nossa fé precisa ser viva. Não pode ser apenas um conjunto de crenças e noções rígidas. Nossa fé precisa evoluir todos os dias e trazer-nos alegria, paz, liberdade e amor. Fé implica prática, viver nossa vida diária com consciência plena. Algumas pessoas pensam que a oração ou a meditação envolvem apenas nossa mente ou nosso coração. Mas precisamos rezar também com nosso corpo, com nossas ações no mundo. E nossas ações devem modelar-se pelas ações do Buda vivo ou do Cristo vivo. Se vivermos como eles viveram, teremos compreensão profunda e ações puras e daremos nossa contribuição para ajudar a criar um mundo mais pacífico para nossos filhos e para todos os filhos de Deus.

Cada momento é um momento de renovação

Todos nós possuímos a energia da consciência plena, a energia do Espírito Santo; apenas sua intensidade e força variam em cada pessoa. Nossa prática diária consiste em aumentar, em tonificar essa força. Não há necessidade de esperar até a Páscoa para celebrar. Quando o Espírito Santo está presente, Jesus já está presente. Ele não precisa ser ressuscitado. Podemos senti-lo agora mesmo. Não é uma questão de reencarnação, de renascimento ou mesmo de ressurreição. Vivendo atentamente, nós sabemos que cada momento é um momento de renovação. Eu gostaria de poder ser como Asita e Simeão, os homens santos que chegaram a ver Buda e Jesus, e dizer a você o quanto seu nascimento é importante.

A iluminação cresce

Há alguns anos, depois de praticar a meditação andando com três crianças na Suíça, perguntei a elas: "Vocês pensam que a iluminação do Buda pode crescer?" Elas responderam: "Sim", e eu fiquei muito feliz. As crianças afirmaram algo em que eu também acredito: que a iluminação é viva, como uma árvore. Se não continuar crescendo, ela morrerá. A iluminação de Buda, a compaixão e a bondade de Jesus, crescem a cada dia. Nós próprios somos responsáveis pelo seu crescimento. Nosso corpo é a continuação do corpo de Buda. Nossa compaixão e nossa compreensão são a compaixão e a compreensão de Jesus. A consciência é o Buda em pessoa. Se vivemos plenamente conscientes, encontramos Buda e Jesus o tempo todo.

O nirvana está disponível agora

No oceano algumas ondas são altas e outras são baixas. As ondas parecem nascer e morrer. Mas, se olhamos mais profundamente, vemos que as ondas, embora estejam vindo e indo, são também água, que está sempre ali presente. Noções como alto e baixo, nascimento e morte, podem ser aplicadas às ondas, mas a água está livre dessas distinções. Para uma onda, a iluminação é o momento em que ela se dá conta de que é água. Nesse momento, todo medo da morte desaparece. Se praticar profundamente, algum dia você se dará conta de que está livre de nascimento e morte, livre de muitos dos perigos que o assaltavam. Quando enxergar isso, você não terá nenhuma dificuldade em construir um bote que possa fazê-lo atravessar as ondas do nascimento e da morte. Sorrindo, você compreenderá que não precisa abandonar este mundo para ser livre. Você saberá que o nirvana, o Reino dos Céus, está disponível aqui e agora.

Raramente Buda falou sobre isto, porque sabia que, se falasse sobre o nirvana, estaria gastando tempo demais falando sobre ele e não praticando. Mas fez algumas raras declarações, como esta tirada do *Udana* VIII, 3: "Na verdade, existe um não nascido, não originado, não criado, não formado. Se não houvesse este não nascido, não originado, não criado, não formado, então não seria possível uma fuga do mundo do nascido, do originado, do criado, do formado". O budismo primitivo não tinha o sabor ontológico que encontramos no budismo posterior. Buda tratou mais do mundo fenomenal. Seu ensinamento era muito prático. Os teólogos gastam muito tempo, tinta e fôlego falando sobre Deus. Isto é exatamente o que Buda não queria que seus discípulos fizessem, porque queria que eles tivessem tempo para praticar o *samatha* (parar, acalmar-se), o *vipashyana* (olhar profundamente), o refúgio nas Três Joias, nos Cinco Preceitos e assim por diante.

A extinção das noções

O filósofo Ludwig Wittgenstein disse: "Sobre aquilo de que não se pode falar, deve-se calar". Não podemos falar sobre isso, mas podemos experimentá-lo. Podemos experimentar o que não nasce, o que não morre, o que não começa, o que não termina, porque isso é a própria realidade. A maneira de experimentá-lo consiste em abandonar nosso hábito de perceber tudo por meio de conceitos e representações. Os teólogos gastaram milhares de anos falando acerca de Deus como uma representação. Isso se chama ontoteologia e consiste em falar daquilo sobre o qual não deveríamos falar.

O teólogo protestante Paul Tillich disse que Deus não é uma pessoa, mas também não é menos do que uma pessoa. Se falamos de Deus como não sendo uma pessoa, como uma não-pessoa, ou como não menos do que uma pessoa, ou como mais do que uma pessoa, estes atributos não significam muita coisa. Uma flor é feita do cosmos inteiro. Não podemos dizer que uma flor é menos do que isto ou mais do que aquilo. Quando extinguimos nossas ideias de mais e menos, de é e não é, atingimos a extinção das ideias e noções, o que no budismo se chama nirvana. A dimensão última da realidade não tem nada a ver com conceitos. Ela não é senão a realidade absoluta da qual não se pode falar. Nada pode ser concebido ou ser objeto de fala. Tomemos, por exemplo, um copo de suco de maçã. Você não pode falar sobre o suco de maçã a alguém que nunca o saboreou. Não importa o que você disser, a outra pessoa não terá a verdadeira experiência do suco de maçã. A única maneira é bebê-lo. É como uma tartaruga falando para um peixe como é a vida sobre a terra seca. Você não pode descrever a terra seca para um peixe. Ele nunca poderá entender como alguém pode respirar sem água. As coisas não podem ser descritas por conceitos e palavras. Só podem ser encontradas pela experiência direta.

Mais tempo para o seu chá

A afirmação de Wittgenstein "Sobre aquilo de que não se pode falar, deve-se calar" pode levar você a pensar que existem coisas sobre as quais podemos falar e coisas sobre as quais não podemos falar. Mas, na verdade, nada pode ser falado, percebido ou descrito por representação. Se você fala sobre coisas que não experimentou, você está desperdiçando seu tempo e o tempo de outras pessoas. À medida que você continua a prática de olhar profundamente, você verá isso de maneira sempre mais clara e economizará muito papel e campanhas publicitárias e terá mais tempo para desfrutar seu chá e a vida diária com consciência plena.

Rohitassa perguntou a Buda se é possível sair deste mundo de nascimento e morte viajando; e Buda disse que não, nem mesmo se ele viajasse com a velocidade da luz. Mas não disse que é impossível transcender o mundo de nascimento e morte. Ele disse apenas que precisamos examinar profundamente nosso corpo para tocar o mundo de não nascimento e não morte. Mas não podemos apenas falar sobre ele. Precisamos praticá-lo, experimentá-lo em nosso próprio ser. O mundo de não nascimento e não morte não é algo separado do mundo de nascimento e morte. Na verdade, eles são idênticos.

A outra margem é esta margem

Quando Buda falou de salvação ou emancipação, ele utilizou a palavra *parayana*, "a outra margem". A outra margem representa o domínio do não nascimento, da não morte e do não sofrimento. Às vezes a expressão "outra margem" não é suficientemente clara e por isso Buda utilizou também a palavra *tathata*, que significa "a realidade como ela é". Não podemos falar sobre ela, não podemos concebê-la. Às vezes a denominamos nirvana, a extinção de todas as palavras, ideias e conceitos. Quando o conceito "outra margem" é mal entendido, o nirvana chega para resgatá-lo. Quando pensamos na outra margem, podemos pensar que ela é completamente diferente desta margem, que para alcançá-la precisamos abandonar completamente esta margem. O verdadeiro ensinamento é que a outra margem é esta mesma margem. Em todas as escolas de budismo existe a doutrina de não vir, não ir, não-ser, não-não-ser, não nascimento e não morte. Os budistas Mahayana nos lembram que este ensinamento é apenas um dedo apontando para a lua. Não é a própria lua.

Tudo pode ser espiritual

Jesus aludiu a essa mesma realidade de não nascimento e não morte. Ele denominou esta realidade Reino de Deus. O Reino de Deus não é algo diferente de Deus, que ele chamava de *Abba*, "Pai". Assim como o conceito de "outra margem" pode criar o mal-entendido de que a outra margem não é esta margem, o conceito de "Pai" também pode ser enganoso. Por exemplo, as feministas de nosso tempo perguntam: por que "Pai" e não "Mãe"? A vida eterna é um tipo de vida que inclui a morte. Na verdade, a vida eterna sem morte não é possível. São dois lados da mesma moeda. A vida eterna é o lado da moeda inteira. A vida não eterna é apenas um lado da moeda. Uma vez que você opta pela vida eterna, você opta também pela morte, e ambas são vida. Mas, se você quer adotar apenas um lado da moeda, você não tem moeda nenhuma.

A teologia percorreu um longo caminho tentando descrever "Deus" ou o "Reino de Deus", essa realidade maravilhosa sobre a qual, na verdade, não se pode falar. Ao longo de muitos séculos a teologia tornou-se assim teologia metafísica ou ontoteologia, a ponto de negligenciar o verdadeiro ensinamento de Jesus acerca da maneira de viver essa realidade. Desde o filósofo alemão Martin Heidegger, os teólogos tentaram voltar ao início e foram mais cuidadosos ao fazer declarações a respeito de Deus.

Muitas pessoas do nosso tempo desejam retornar a Jesus e ao seu ensinamento. Às vezes são utilizadas expressões como "cristianismo secular" ou "cristianismo ateu" para descrever este movimento. Existem também os que se preocupam porque o cristianismo secular ou ateu já não é o verdadeiro cristianismo. No meu entender, se você vive profundamente o ensinamento de Jesus, tudo o que você diz e faz em sua vida diária será profundamente espiritual. Eu não o denominaria de modo algum secular ou ateu. Suponhamos que não celebramos uma eucaristia numa igreja, mas nos sentamos juntos ao ar livre para compartilhar nosso pão, comendo-o numa atitude de plena consciência e gratidão, conscientes da natureza maravilhosa do pão. Esse ato não pode ser descrito como secular ou ateu.

Tocando o Buda vivo

Deus como fundamento do ser não pode ser concebido. Também o nirvana não pode ser concebido. Se, quando usamos a palavra "nirvana" ou a palavra "Deus", estamos conscientes de que estamos falando sobre o fundamento do ser, não há perigo em usar estas palavras. Mas se dizemos: "De acordo com o budismo isto existe" ou: "Isto não existe", isto não é budismo, porque as ideias de ser e não-ser são extremos que Buda transcendeu. Quando compartilhamos o Dharma, precisamos falar com cuidado para que nós e nossos ouvintes não nos prendamos a palavras ou conceitos. É nosso dever transcender palavras e conceitos para ser capaz de encontrar a realidade. Estar em contato com a fonte de nossa sabedoria é a maneira mais eloquente de mostrar que o budismo está vivo. Podemos tocar o Buda vivo. Podemos também tocar o Cristo vivo. Quando vemos alguém transbordante de amor e compreensão, alguém que está profundamente consciente do que está acontecendo, sabemos que ele está bem próximo de Buda e de Jesus Cristo.

Árvores e pássaros pregando o Dharma

Muitas vezes Buda é descrito como tendo "três corpos": Dharmakaya, Sambhogakaya e Nirmanakaya. Dharmakaya é a encarnação do Dharma, sempre brilhando, sempre iluminando as árvores, a grama, os pássaros, os seres humanos e assim por diante, sempre emitindo luz. É este Buda que está pregando agora e não apenas 2.500 anos atrás. Às vezes chamamos este Buda de Vairochana, o Buda ontológico, o Buda que está no centro do universo.

O Sambhogakaya é o corpo da bem-aventurança. Por praticar a consciência plena, Buda tem incomensurável paz, alegria e felicidade e por isso podemos tocar seu corpo de bem-aventurança, às vezes denominado corpo do desfrute ou corpo das recompensas. O Sambhogakaya representa a paz e a felicidade de Buda, o fruto de sua prática. Ao praticar a consciência plena, você desfruta em si mesmo o fruto da prática. Você é feliz e pacífico e sua felicidade e paz se irradiam ao seu redor para outros desfrutarem. Ao fazer isto, você está enviando muitos Sambhogakayas ao mundo para ajudar a aliviar o sofrimento dos seres vivos. Cada um de nós tem a capacidade de transformar muitos seres vivos se soubermos como cultivar a semente da iluminação dentro de nós mesmos.

Shakyamuni, o Buda histórico, é o Nirmanakaya, o corpo da transformação, um raio de luz enviado pelo sol do Dharmakaya. Os que estão em contato com Vairochana estão também em contato com Shakyamuni. Mas se esse raio não nos é manifesto, não precisamos preocupar-nos. O sol está sempre presente. Se não podemos ouvir diretamente Shakyamuni, mas estamos suficientemente abertos, podemos ouvir Vairochana. Além disso, muitos outros Budas da transformação estão também expondo o mesmo Dharma – as árvores, os pássaros, o bambu violeta e os crisântemos amarelos estão todos pregando o Dharma que Shakyamuni ensinou há 2.500 anos. Podemos estar em contato com ele por meio de qualquer um destes. Ele é um Buda vivo, sempre disponível.

No cristianismo o mistério é muitas vezes descrito como escuridão. Quando perdeu sua filha, Victor Hugo se queixou: "O homem vê apenas um lado das coisas, o outro lado está mergulhado na noite do mistério assustador". Em muitos sutras budistas, todos na assembleia experimentam a bem-aventurança quando são tocados pelos raios de luz que emanam de Buda. No budismo a palavra "*avidya*", ignorância, significa literalmente "a falta de luz". *Vidya*, compreensão, é feita de luz.

Enxaguando a boca, lavando as orelhas

Na Igreja ortodoxa grega, os teólogos falam sobre a "teologia apofática" ou "teologia negativa". A palavra "apofático" vem do grego *apophasis*, que significa "negação". Você diz que Deus não é isto, Deus não é aquilo, até ficar livre de todos os seus conceitos de Deus. O filósofo budista Nagarjuna, do século II, desenvolveu uma dialética semelhante para remover nossas ideias concernentes à realidade. Ele não descreveu a realidade, porque a realidade é o que ela é e não pode ser descrita. O budismo nos ensina que a realidade é muito diferente dos nossos conceitos. A realidade de uma mesa é muito diferente do conceito de "mesa". Cada palavra que usamos tem por trás um conceito. A palavra "Deus" se baseia num conceito de "Deus". De acordo com o budismo, a meditação sobre os chifres do coelho ou sobre o cabelo da tartaruga – coisas que não acreditamos que existam – pode também levar à iluminação. Estes conceitos são compostos de elementos reais que podemos fundir em nossa imaginação. Temos uma imagem dos chifres e uma imagem do coelho, então por que não ter um coelho com chifres? O conceito "chifre do coelho" é um conceito verdadeiro, tão real quanto qualquer outro conceito.

Um mestre budista disse que, sempre que pronunciava a palavra "budismo", precisava enxaguar a boca três vezes. Mesmo a palavra "budismo" pode causar mal-entendidos. As pessoas podem pensar o budismo como algo que pode existir por si só, independente do cristianismo, do judaísmo ou de qualquer outra coisa. Enxaguar a boca era uma espécie de remédio preventivo para ele (e seus alunos) se lembrarem de não se apegar ao conceito "budismo" como algo que pode existir por si. Certa vez alguém na congregação se levantou e disse: "Mestre, cada vez que ouço o Sr. pronunciar a palavra 'budismo', preciso ir até o rio e lavar minhas orelhas três vezes!" O mestre aprovou a declaração. Nos círculos budistas tomamos cuidado para evitar prender-nos a conceitos, mesmo aos conceitos de "budismo" e "Buda". Se você pensa em Buda como alguém separado do resto do mundo, você nunca reconhecerá um Buda, mesmo que o veja na rua. Por isso, um mestre Zen disse a seu aluno: "Quando você encontrar o Buda, mate-o!" Ele queria dizer que o aluno deveria matar o *conceito de Buda* a fim de experimentar diretamente o *Buda real*.

Outro mestre Zen disse: "Para acabar com o sofrimento, você precisa tocar o mundo do não nascimento e da não morte. Seu discípulo perguntou: "Onde está o mundo do não nascimento e da não morte?" O mestre respondeu: "Ele está aqui mesmo no mundo do nascimento e da morte". O mundo da impermanência e do não-eu é o mundo do nascimento e da morte. O mundo do nirvana é também o mundo do nascimento e da morte. A salvação é possível. É possível entrar no mundo do não nascimento e da não morte mediante a prática de viver cada momento da vida com consciência plena. O teólogo judeu Abraham Heschel disse que viver de acordo com a Torá, a Lei judaica, é viver a vida da eternidade no tempo. Vivemos na dimensão histórica e, no entanto, tocamos a dimensão última. Mas, se falamos demais sobre ela, nos afastamos da dimensão última. Por isso nos círculos Zen as pessoas são exortadas a experimentar e não a falar muita coisa.

O Espírito Santo pode ser identificado

Em todas as escolas do cristianismo vemos pessoas que seguem este mesmo espírito, que não querem especular sobre o que não pode ser especulado. A "teologia negativa" é um esforço e uma prática que visam prevenir que os cristãos se prendam a noções e conceitos que os impedem de tocar o espírito vivo do cristianismo. Quando falamos de teologia negativa, a teologia da Morte de Deus, estamos falando sobre a morte de todo conceito que possamos ter de Deus, a fim de experimentar Deus diretamente como uma realidade viva.

Um bom teólogo é alguém que não fala quase nada sobre Deus, embora a palavra "teologia" signifique "discurso sobre Deus". É arriscado falar sobre Deus. A noção de Deus pode ser um obstáculo que nos impede de tocar Deus como amor, sabedoria e consciência plena. Buda foi muito claro a este respeito. Ele disse: "Você me diz que ama uma bela mulher, mas quando eu lhe pergunto: 'Qual é a cor dos seus olhos? Qual é seu nome? Qual é o nome de sua cidade?', você não é capaz de me dizer. Não creio que você ama de fato algo real". Sua noção de Deus pode ser vaga como essa, não tendo nada a ver com a realidade. Buda não era contra Deus. Ele apenas era contra noções de Deus que são meras construções mentais que não correspondem à realidade, noções que nos impedem de desenvolver-nos a nós mesmos e de tocar a realidade última. Por isso acredito que é mais seguro aproximar-se de Deus pelo Espírito Santo do que pela porta da teologia. Podemos identificar o Espírito Santo sempre que ele faz sentir sua presença. Sempre que vemos alguém que é amoroso, compassivo, atento, cuidadoso e compreensivo, sabemos que o Espírito Santo está ali presente.

Tocando a dimensão última

Certa vez, quando eu estava prestes a pisar numa folha seca, vi a folha na dimensão última. Vi que ela não estava realmente morta, mas estava se misturando com a terra úmida, a fim de aparecer na árvore em outra forma na primavera seguinte. Sorri para a folha e disse: "Você é pretenciosa". Tudo pretende nascer e pretende morrer, inclusive aquela folha. Buda disse: "Quando as condições são suficientes, o corpo se revela e nós dizemos que o corpo existe. Quando as condições não são suficientes, o corpo não pode ser percebido por nós e dizemos que o corpo não existe". O dia de nossa "morte" é um dia de nossa continuação em muitas outras formas. Se você sabe como tocar seus ancestrais na dimensão última, eles estarão sempre com você. Se você toca sua mão, seu rosto ou seu cabelo e olha muito profundamente, você pode ver que eles estão em você, sorrindo. Esta é uma prática profunda. A dimensão última é um estado de calma, paz e alegria. Não é um estado a ser atingido depois de você "morrer". Você pode tocar a dimensão última agora mesmo, respirando, andando e tomando seu chá com consciência plena. Cada coisa e cada pessoa está vivendo no nirvana, no Reino de Deus. Um agricultor que olha para sua terra no inverno já pode ver a colheita, porque sabe que todas as condições estão ali presentes – terra, semente, água, fertilizantes, equipamento agrícola e assim por diante – exceto uma, a estação quente, e esta virá em questão de meses. Portanto, seria inexato dizer que a colheita não existe. Ela já *está* ali presente. Precisa apenas de mais uma condição para manifestar-se. Quando São Francisco pediu que a amendoeira lhe falasse de Deus, em poucos segundos a árvore se cobriu de belas flores. São Francisco estava do lado da dimensão última. Era inverno. Não havia folhas, flores ou frutos, mas ele viu as flores.

Nós somos inteiramente capazes de tocar a dimensão última. Quando tocamos uma coisa com consciência profunda, tocamos todas as coisas. Tocando o momento presente, nos damos conta de que o presente é feito do passado e está criando o futuro. Quando bebemos uma taça de chá muito profundamente, tocamos a totalidade do tempo. Meditar, viver uma vida de oração, é viver profundamente cada momento da vida. Por meio da meditação e da oração, vemos que as ondas são feitas apenas de água, que a dimensão histórica e a dimensão última são uma só. Mesmo enquanto vivemos no mundo das ondas, nós tocamos a água sabendo que uma onda não é senão água. Nós sofremos se tocamos apenas as ondas; mas, se aprendemos a estar em contato com a água, sentimos o maior alívio. Tocar o nirvana, tocar o Reino de Deus, nos liberta de muitas preocupações. Entramos numa prática espiritual procurando alívio na dimensão histórica. Acalmamos nosso corpo e nossa mente e instauramos nossa tranquilidade, nosso frescor e nossa solidez. Praticamos a benevolência, a concentração e, transformando nossa cólera, sentimos algum alívio. Mas, quando tocamos a dimensão última da realidade, obtemos o tipo mais profundo de alívio. Cada um de nós tem a capacidade de tocar o nirvana e ficar livre de nascimento e morte, de um e muitos, de chegar e partir.

A contemplação cristã inclui a prática de repousar em Deus, que, em minha opinião, é o equivalente de tocar o nirvana. Embora Deus não possa ser descrito utilizando conceitos e noções, isso não significa que você não pode experimentar Deus Pai. Se a onda não precisa morrer para tornar-se água, então nós não precisamos morrer para entrar no Reino de Deus. O Reino de Deus está disponível aqui e agora. A energia do Espírito Santo é a energia que nos ajuda a tocar o Reino de Deus. Tillich disse que falar de Deus como uma pessoa é apenas uma figura de linguagem. Ele disse que Deus é o fundamento do ser. Isto me leva a pensar na água que para a onda é o fundamento do ser. Ele disse também que Deus é a realidade última e isto me faz lembrar o nirvana. Não penso que exista tanta diferença entre cristãos e budistas. A maioria das fronteiras que criamos entre nossas duas tradições é artificial. A verdade não tem fronteiras. Nossas diferenças podem ser sobretudo diferenças de ênfase.

Você nasce em sua tradição e naturalmente se torna um budista ou um cristão. O budismo ou o cristianismo faz parte da cultura e da civilização de você. Você está familiarizado com sua cultura e aprecia as coisas boas nela existentes. Você pode não ter consciência de que em outras culturas e civilizações existem valores aos quais as pessoas estão apegadas. Se você é suficientemente aberto, compreenderá que sua tradição não contém todas as verdades e todos os valores. É fácil prender-se à ideia de que a salvação não é possível fora de sua tradição. Uma prática profunda e correta de sua tradição pode libertar você dessa crença perigosa.

No Evangelho segundo Mateus, o Reino de Deus é descrito como uma semente de mostarda. "O Reino de Deus é semelhante a um grão de mostarda que um homem tomou e semeou no seu campo. É a menor de todas as sementes, mas quando cresce é a maior das hortaliças e se torna uma árvore, de modo que os pássaros do céu chegam e fazem ninhos em seus ramos". O que é essa semente? O que é o campo? O que é senão nossa própria consciência? Ouvimos repetidamente que Deus está dentro de nós. Para mim, isso significa que Deus está em nossa consciência. A natureza de Buda, a semente da consciência plena, está no terreno de nossa consciência. Pode ser pequena; mas, se soubermos como cuidar dela, como tocá-la, como regá-la continuamente, ela se torna um refúgio importante para todos os pássaros do céu. Ela tem o poder de transformar tudo. Na prática budista, aprendemos como tocar essa semente em todos os momentos, como ajudá-la a crescer, como fazer dela a luz que pode nos guiar.

No Evangelho segundo Mateus, o Reino dos Céus é descrito também como um fermento: "O Reino dos Céus é semelhante ao fermento que uma mulher tomou e misturou com três medidas de farinha, até que tudo ficasse fermentado". Um pouco de fermento tem o poder de fermentar uma grande porção de farinha. A farinha é nossa consciência. Nessa consciência estão sementes negativas: sementes de medo, ódio e confusão. Mas, se você tem dentro de si a semente do Reino de Deus e sabe como tocá-la, ela terá o poder de fermentar, de transformar tudo.

Tocando a água nas ondas

Foi dito também que o Reino dos Céus é semelhante a um tesouro que alguém encontra e esconde num campo. Então, cheio de alegria, ele vende tudo o que tem e compra aquele campo. Se você for capaz de tocar esse tesouro, você sabe que nada pode ser comparado a ele. Ele é a fonte da verdadeira alegria, da verdadeira paz e da verdadeira felicidade. Uma vez que o tocou, você se dá conta de que todas as coisas que você pensava serem condições para sua felicidade não são nada. Podem até ser obstáculos para sua própria felicidade e você pode livrar-se delas sem remorso. Estamos procurando as condições para a nossa felicidade e sabemos quais coisas nos causaram sofrimento. Mas ainda não vimos ou tocamos o tesouro da felicidade. Quando o tocamos, mesmo uma vez só, sabemos que temos a capacidade de renunciar a todas as outras coisas.

Esse tesouro da felicidade, o Reino dos Céus, pode ser denominado a dimensão última da realidade. Ao ver apenas as ondas, você pode não perceber a água. Mas se estiver atento, você é capaz de tocar também a água dentro das ondas. Quando você se torna capaz de tocar a água, não se preocupa com o ir e vir das ondas. Você já não está preocupado com o nascimento e a morte da onda. Você não terá mais medo. Não estará mais perturbado com o início e o fim da onda, ou se a onda é alta ou baixa, mais ou menos bela. Você é capaz de abandonar estas ideias porque já tocou a água.

10
FÉ E PRÁTICA

Penetrando o âmago da realidade

Nossa fé deve ser viva, crescendo sempre, com uma árvore. É nossa verdadeira experiência religiosa que alimenta nossa fé e lhe permite crescer. Na tradição budista, a experiência religiosa é descrita como despertar (*bodhi*) ou discernimento (*prajña*). Ela não é intelectual, não é feita de noções e conceitos, mas pertence ao tipo de compreensão que traz mais solidez, liberdade, alegria e fé. Para ser possível o genuíno despertar, precisamos abandonar noções e conceitos acerca do nirvana e acerca de Deus. Precisamos abandonar não só nossas noções e conceitos sobre a realidade última, mas também nossas noções e conceitos sobre as coisas no campo fenomenal. Na prática budista, contemplamos a impermanência, o não-eu, a vacuidade e o interser para ajudar-nos a tocar o mundo fenomenal mais profundamente, liberar nossas noções e conceitos sobre as coisas e penetrar no âmago da realidade. Quando tocamos as "coisas-em-si-mesmas", vemos que são muito diferentes das noções e conceitos que temos sobre elas. Nossas noções e conceitos são o resultado de percepções erradas. Por isso, para ter acesso direto à sua realidade, precisamos abandonar todas as nossas percepções erradas Quando os cientistas nucleares querem entrar no mundo das partículas elementares, também eles precisam abandonar suas noções das coisas e dos objetos. O cientista francês Alfred Kastler disse: "É preciso renunciar aos objetos ou às coisas que sempre foram entendidos como constituintes da natureza". Da mesma forma, nós precisamos abandonar nossas noções de Deus, Buda, nirvana, eu, não-eu, nascimento, morte, ser e não-ser.

Só o Filho e o Espírito Santo o conhecem

Abandonar noções e conceitos pode parecer difícil, mas é exatamente isso que a meditação budista nos ensina a fazer. Podemos utilizar uma grande variedade de métodos para realizar isto. No início, utilizamos às vezes novas noções e conceitos para neutralizar as velhas noções e conceitos e orientar-nos para a experiência direta da realidade. A noção de vacuidade (*sunyata*), por exemplo, pode libertar-nos da crença num eu. Mas então, se não formos vigilantes, podemos prender-nos à noção de vacuidade, que é um problema ainda maior. Para dar-nos uma segunda chance, Buda ofereceu a noção de não-vacuidade (*asunyata*). Se conseguirmos ver que vacuidade e não-vacuidade apontam para a mesma realidade, transcenderemos ambas as noções e tocaremos o mundo que está livre de noções e conceitos.

Os cristãos compreendem que Deus não pode ser experimentado por meio de noções e conceitos. Eles falam da "incompreensibilidade de Deus". São João da Cruz escreveu: "Invoquemo-lo como o Deus inexprimível, incompreensível, invisível e incognoscível. Confessemos que ele ultrapassa todo poder da fala humana, que se esquiva do domínio de toda inteligência mortal, que os anjos não conseguem penetrá-lo, nem os serafins vê-lo com plena claridade, nem os querubins compreendê-lo plenamente. Por ser invisível aos principados e potestades, às virtudes de todas as criaturas sem exceção, somente o Filho e o Espírito Santo o conhecem". "Somente o Filho e o Espírito Santo o conhecem" porque representam o conhecimento não conceitual. O Filho e o Espírito Santo têm acesso direto a Deus porque estão livres de ideias e imagens de Deus.

A natureza não conceitual de Deus é muitas vezes descrita pelos cristãos como noite mística. São Gregório de Nissa, da Igreja ortodoxa oriental, escreveu: "A noite designa a contemplação de coisas invisíveis à maneira de Moisés, que entrou nas trevas onde Deus estava, este Deus que faz das trevas seu esconderijo. Cercada pela noite viva, a alma busca aquele que está escondido nas trevas. Ela possui realmente o amor daquele que ela busca, mas o amado escapa ao domínio de seus pensamentos". Deus Pai e o Reino de Deus devem ser os objetos de nossa *experiência* diária. Se os monges, monjas, leigos e leigas cristãos não tocarem Deus Pai em sua vida diária, suas "imagens primitivas" deixarão algum dia de sustentar sua alegria, sua paz e sua felicidade.

A substância da fé

Quando você começa a praticar, precisa de alguns instrumentos, exatamente como alguém que vai trabalhar numa fazenda precisa de instrumentos para trabalhar a terra. Se você recebe os instrumentos, não adianta tê-los e não trabalhar a terra. Com instrução apropriada, você pode aprender como manejar seus instrumentos e como trabalhar a terra. Certas ideias e imagens podem ser aceitas como instrumentos da prática espiritual. Utilizando-as, você pode adquirir alguma paz, conforto, estabilidade e alegria. Se você continua a prática e faz algum progresso, serão proporcionadas imagens e ideias mais sofisticadas. Elas são instrumentos que o ajudam a explorar o terreno de sua vida. Buda descreveu a prática como *citta bhavana*, cultivar a mente e o coração.

Depois de praticar por algum tempo, um dia você descobrirá que as imagens e ideias utilizadas já se tornaram inúteis e é necessário nesse momento abandonar todas as ideias e imagens, a fim de obter uma percepção verdadeiramente profunda. Esta experiência genuína ou discernimento é a própria substância da fé, o tipo de fé que ninguém pode remover de você, porque ela não é feita de imagens, ideias ou dogmas. Você não pode ser tentado a duvidar de Deus ou do nirvana, porque Deus ou o nirvana se tornaram o objeto e o sujeito da própria experiência de você. Para isto acontecer, duas coisas são essenciais: em primeiro lugar, você precisa praticar a fim de sua crença tornar-se verdadeira experiência; em segundo lugar, a prática não deverá ser abandonada após obter alguma estabilidade e paz. Examinaremos as razões para isso brevemente.

Buscando refúgio

Muitos budistas invocam os nomes sagrados de Buda Shakyamuni, Buda Amitabha e Bodhisattva Avalokitesvara. Enquanto invocam estes nomes sagrados, a mente dos praticantes precisa ser preenchida com as qualidades saudáveis desses Budas e bodhisattvas. Este é o segredo do sucesso na prática conhecida como "Recordação de Buda" (*Buddhanusmrti*). Existem também outras maneiras de praticar o *Buddhanusmrti*, como visualizar, recitar os Dez Nomes de Buda, meditar sobre a sabedoria e as ações compassivas dos Budas e assim por diante. O praticante pode cantar: "O Senhor é Arhat. Ele é o perfeitamente iluminado. Ele é dotado de conhecimento e ação. Ele é feliz, o conhecedor de todos os mundos, o insuperável cocheiro dos homens a serem domesticados, o mestre dos deuses e dos homens, o Buda, o Bem-Aventurado".

Os budistas praticam também a Recordação do Dharma (*Dharmanusmrti*). O Dharma vivo é o caminho encarnado por Budas, bodhisattvas e todos os que o praticam. O praticante recita e contempla: "O Dharma foi bem proclamado por Buda. Ele traz justiça já nesta vida. Traz calma e remove as chamas da paixão e do desejo insaciável. É intemporal. Nos conduz a um fim saudável. Ele diz: 'Venha e veja você mesmo'. É reconhecível pelos sábios". Ou podem cantar "Homenagem ao *Sutra do Lótus*" e práticas semelhantes.

Para praticar a Recordação da Sangha (*Sanghanusmrti*), os budistas recitam e contemplam: "Bem-realizada é a Ordem dos discípulos do Bem-Aventurado. Correta é a

Ordem dos discípulos do Bem-Aventurado. Justa e sujeita ao Dharma é a Ordem dos discípulos do Bem-Aventurado. A Sangha compreende os quatro pares e as oito categorias que são dignos de oferendas, hospitalidade, dons e saudações, campos insuperáveis de mérito no mundo". Todos os budistas praticam o refúgio nas Três Joias: Buda, Dharma e Sangha. Fazer isso traz o sentimento de calma, solidez e conforto e nutre a fé. "Eu me refugio no Buda. Eu me refugio no Dharma. Eu me refugio na Sangha (*Buddham saranam gacchami. Dharman saranam gacchami. Sangham saranam gacchami*)".

Recordação interior

Na tradição cristã, a oração produz um efeito semelhante. As orações são tiradas da Bíblia, especialmente dos Salmos, e estas palavras se tornam palavras do praticante pelo processo de memorizá-las e repeti-las com concentração. A meditação cristã toma muitas vezes as Escrituras como seu objeto: *meditatio scripturarum*. O meditador põe todo o seu coração nesta prática de oração e meditação. Por isso ela é chamada Oração do Coração.

Como seus colegas budistas, os praticantes cristãos não se empenham num excessivo escrutínio intelectual ou analítico das escrituras. Para os Pais do Deserto a oração era minimamente verbal. São Macário disse: "Não é necessário usar muitas palavras. Apenas estenda os braços e diga: 'Senhor, tem piedade de mim como desejas, e sabes muito bem como fazer'. E, se o inimigo pressionar você com força, diga: 'Senhor, vem em meu auxílio'". Outros monges cristãos primitivos também exortavam as pessoas a usar orações curtas e simples tiradas dos Salmos. A mais frequentemente usada era: "Ó Deus, vem em meu auxílio (*Deus in adjutorium meum intende*)".

Os cristãos também praticam a recitação do santo nome de Jesus Cristo. São Macário disse: "Não existe outra meditação perfeita senão o nome salvador e bendito do Senhor Jesus Cristo, que habita em você ininterruptamente". Essa prática é denominada pelos cristãos "recordação interior" (equivalente ao sânscrito *anusmrti* e ao páli *anussati*). A prática consiste em abandonar pensamentos que distraem, e invocar humildemente o nome de Jesus com todo o coração. Thomas Merton escreveu: "Esta prática simples é considerada de crucial importância na oração monástica da Igreja oriental, porque se acredita que o poder sacramental do nome de Jesus traz o Espírito Santo ao coração do monge que reza".

Para os monges antigos o segredo do sucesso na prática consistia em manter sempre na mente o nome de Jesus. O nome de Jesus traz a energia de Deus, a saber, o Espírito Santo, ao próprio ser do monge. Quando era capaz de fazer isto, o monge podia viver sua vida diária na presença de Deus. Os budistas na tradição da Terra Pura praticam de maneira semelhante. Eles sabem que o mais essencial é manter a verdadeira concentração ao recitar o nome de Buda, exatamente como os cristãos sabem que precisam praticar com seu coração e não invocar o nome do Senhor em vão.

As aflições bloqueiam o caminho

Os cristãos enfatizam a Oração do Coração e os budistas falam da mente concentrada (*cittasekagata*). Os cristãos e os budistas podem constatar que, sem concentração, sem abandonar os pensamentos que distraem, a oração e a meditação não produzem fruto. Concentração e devoção trazem calma, paz, estabilidade e conforto tanto para os budistas quanto para os cristãos. Se os agricultores utilizam instrumentos agrícolas para cultivar sua terra, os praticantes utilizam a oração e a meditação para cultivar sua consciência. Os frutos e as flores da prática brotam do terreno da mente.

Os budistas e os cristãos sabem que o nirvana ou o Reino de Deus está em seu coração. Os sutras budistas falam da natureza de Buda como a semente da iluminação que já se encontra na consciência de cada um. Os evangelhos falam do Reino de Deus como uma semente de mostarda plantada no terreno da consciência. As práticas da oração e da meditação nos ajudam a tocar as mais valiosas sementes que estão em nós e nos põem em contato com o fundamento do nosso ser. Para os budistas, o nirvana, ou a dimensão última, é o fundamento do ser. A mente original, de acordo com o budismo, está sempre brilhando. As aflições, como desejo insaciável, cólera, dúvida, medo e negligência, bloqueiam a luz e por isso a prática consiste em remover esses cinco obstáculos. Quando a energia da consciência plena está presente, ocorre a transformação. Quando a energia do Espírito Santo está em você, a compreensão, o amor, a paz e a estabilidade são possíveis. Deus está dentro das pessoas.

Você está e no entanto não está, mas Deus está em você. Isto é interser. Isto é não-eu.

Mas eu receio que muitos cristãos e muitos budistas não praticam; ou, se o fazem, praticam apenas quando se encontram em situações difíceis e, depois, esquecem. Ou sua prática pode ser superficial. Eles apoiam igrejas e templos, organizam cerimônias, convertem pessoas, praticam obras de caridade ou assistência social, ou assumem um ministério apostólico, mas não praticam a consciência plena ou não rezam enquanto atuam. Podem dedicar diariamente uma hora ao canto e à liturgia; mas, depois de algum tempo, a prática se torna seca e automática e eles não sabem como revigorá-la. Podem acreditar que estão servindo ao Buda, ao Dharma, à Sangha, ou servindo à Trindade e à Igreja, mas sua prática não toca o Buda vivo ou o Cristo vivo. Ao mesmo tempo, estes homens e mulheres não hesitam em alinhar-se com os detentores do poder para fortalecer a posição de sua Igreja ou comunidade. Eles acreditam que o poder político é necessário para o bem-estar de sua Igreja ou comunidade. Constroem um eu em vez de abandonar as ideias do eu. Então consideram este eu como verdade absoluta e descartam todas as outras tradições espirituais como falsas. Esta é uma atitude muito perigosa; ela sempre leva a conflitos e guerras. Sua natureza é a intolerância.

O abismo da dúvida

Outro perigo da falta de prática regular e autêntica e da falta de maturidade espiritual é que algum dia o crente caia no abismo da dúvida. Quando o sofrimento, o medo e a dúvida se unem de maneira intensiva, a oração que antes funcionou um pouco durante muitos anos já não é mais eficaz. As ideias, imagens e analogias que eram invocadas no passado podem ser incapazes de preencher o vasto vazio interior. O Sutra do Diamante ensina que o Tathagata não pode ser visto por intermédio de sons e imagens. Os místicos cristãos ensinam que Deus é invisível, incognoscível e livre de qualquer representação mental. Se não continuarmos a crescer, não seremos capazes de tocar a realidade do absoluto. Por isso é crucial lembrar que a prática não deveria ser abandonada após ser atingida alguma estabilidade e paz.

Algum dia, quando você mergulhar na noite escura da dúvida, as imagens e noções que no início eram úteis já não ajudam mais. Elas apenas acobertam a angústia e o sofrimento que haviam começado a vir à tona. Thomas Merton escreveu: "O aspecto mais crucial desta experiência é precisamente a tentação de duvidar do próprio Deus". Este é um risco genuíno. Se você se apega a uma ideia ou a uma imagem de Deus e se não toca a realidade de Deus, algum dia você mergulhará na dúvida. De acordo com Merton: "Aqui estamos indo além do estágio em que Deus se tornou acessível à nossa mente em imagens simples e primitivas". As imagens simples e primitivas podem ter sido o objeto de nossa fé em Deus no início; mas, à medida que avançamos, ele se torna presente sem qualquer imagem, para além de qualquer representação mental satisfatória. Chegamos a um ponto em que qualquer noção que tínhamos já não pode mais representar a Deus.

A mente original

Na tradição monástica budista, os monges são exortados a não viver de maneira demasiadamente confortável. Uma vida demasiadamente confortável tornará difícil o crescimento espiritual. Alimento, vestuário e moradia devem ser sempre adequados, mas não excessivos. Uma pessoa leiga que deseja praticar o Caminho deveria também levar uma vida simples. Jesus disse que é difícil uma pessoa rica entrar no Reino de Deus, assim como é difícil um camelo passar pelo buraco de uma agulha. As orações monásticas cristãs florescem em ambientes como os desertos, onde não existe muito conforto. Thomas Merton escreveu: "Precisamos reconhecer francamente que a abnegação e o sacrifício são absolutamente essenciais para a vida de oração". Eu o entendo, embora não descreveria uma vida simples, uma vida livre de desejos insaciáveis, como abnegação ou sacrifício. Uma vida de oração e contemplação pode estar cheia de alegria e felicidade.

Sem prática contínua e profunda, os monges podem ficar presos nas armadilhas do mundo. A atividade de um monge contemplativo deveria ser a contemplação. No Sutra da Plena Consciência da Respiração (*Anapanasati Sutta*), Buda lançou um olhar em profundidade sobre uma comunidade de monges que estivera praticando no Bosque de Jeta e declarou: "Meus amigos, estou muito feliz por ver que vocês fizeram a coisa mais importante que um monge deve fazer, que é praticar". Recordou-se neste sutra que os monges seniores não só praticaram corretamente durante o retiro, mas também cuidaram muito bem dos monges jovens e os ajudaram a orientar sua prática. Isso trouxe grande felicidade a Buda. A tarefa de um monge é praticar e não cuidar da vida mundana. Se não formos suficientemente cuidadosos, a atividade de ensinar o Dharma ou executar o ministério apostólico nos afastará de nossa mente original, a mente da prática, a mente do amor, que é o bem mais precioso que um monge pode ter.

Uma expressão de amor

Para os budistas a mente original é a mente da iluminação, *bodhicitta*. São Gregório ensinou que a vida contemplativa é a vida celestial, que não pode ser vivida "neste mundo". Os monges precisam evitar exercer negócios seculares. Para penetrar no mistério de Deus, o contemplativo precisa "descansar da ação exterior e apegar-se unicamente ao desejo do Criador". Na Idade Média, muitos monges seguiam este ensinamento. A vocação do monge consistia em permanecer no mosteiro e rezar. Quando era chamado para desempenhar negócios eclesiásticos, esperava-se que o fizesse com choro e lamentação. São Pedro de Kellia, monge beneditino do século XII, disse que "o negócio episcopal [isto é, dos bispos]" é simplesmente "o mundo".

É possível um ministério apostólico combinar com uma vida contemplativa? Nos círculos tanto budistas quanto cristãos, a resposta é "sim", é possível, mas não é fácil. Para sermos bem-sucedidos, precisamos de apoio; e o apoio mais importante é a presença de outros que são capazes de viver a vida contemplativa enquanto realizam o trabalho a ser feito. Nosso trabalho é executado como uma expressão de amor. Não podemos evitá-lo, e por isso precisamos fazê-lo de uma maneira que torne possível uma vida contemplativa.

No século IV, São Basílio ensinou que uma vida religiosa ativa é possível. Os ascetas, disse ele, deveriam manter contato com o mundo, ou pelo menos com a comunidade cristã, e cuidar da caridade e das obras de misericórdia. A oração privada do monge é a oração que é continuada enquanto ele está no trabalho. São Basílio disse: "Para a oração e a salmodia, cada hora é adequada, porque, enquanto nossas mãos estão ocupadas com as tarefas, podemos rezar a Deus, algumas vezes com a língua ou, se não for possível, com o coração. [...] Assim adquirimos um espírito sereno, quando em cada ação pedimos a Deus o sucesso de nosso trabalho e satisfazemos nossa dívida de gratidão a ele".

Como não perder a vida contemplativa

O Sutra dos Quatro Sistemas de Consciência Plena (*Satipatthana Sutta*), um dos textos mais fundamentais da meditação budista, ensina que a consciência plena precisa ser praticada ao longo do dia, em qualquer situação em que você se encontra e durante qualquer ação que você empreende. A prática da consciência plena não está confinada à posição sentada. O monge pratica a consciência plena ao vestir o hábito, ao lavar sua tigela, ao andar, ao estar de pé, ao inclinar-se, ao alongar-se, ao carregar água, ao cortar lenha e assim por diante. Com base neste ensinamento, o budismo engajado foi praticado pelos monges no Vietnã durante a guerra dos anos 1960 e 1970. Monges e monjas participaram do trabalho de ajudar os refugiados, os órfãos e os feridos. Na situação de guerra, um monge não pode apenas sentar-se em meditação enquanto bombas são despejadas por toda parte. As bombas podem cair também no templo dele. O âmago da meditação budista é a consciência plena – a energia que nos ajuda a saber o que está acontecendo no momento presente. Se o que está acontecendo no momento presente é a destruição de vidas humanas, o monge deveria empenhar-se no trabalho de ajuda e cuidado. Esta é uma expressão concreta da compaixão.

A questão não é engajar-se ou não. A questão é engajar-se sem perder a vida contemplativa. O ensinamento do *Satipatthana Sutta* diz que isso é possível. Como podemos executar o trabalho do amor sem perder a prática? Escutemos Madre Teresa: "Nossas irmãs precisam andar na rua, pegar o bonde como fazem as outras pessoas e entrar nas casas dos pobres. Não podemos fechar-nos atrás das paredes e esperar que os pobres batam à nossa porta. [...] Somos pessoas da rua. Nossas irmãs andam na rua e rezem enquanto andam. Às vezes elas me contam quanto tempo levaram para chegar a um lugar, me contam quantos rosários rezaram – três rosários, quatro rosários. Elas andam tão rápido em Kolkata (Calcutá) que são chamadas 'as irmãs apressadas'". Imaginem como é difícil andar depressa e rezar o rosário ao mesmo tempo! A pressão está sempre presente. Na tradição budista, existe a prática da meditação andando. Nós andamos porque precisamos ir a algum lugar, mas andamos de uma maneira que nos traz calma, estabilidade e alegria a cada passo. A questão é como estruturar nossa vida a fim de fazer cada coisa com consciência plena, sem perder nossa prática.

Viver conscientemente é possível

Contemplação e ação se harmonizam muito bem se o monge sabe como organizar sua vida diária. Um dia de consciência plena por semana é essencial. Isto combina muito bem com o espírito do *Shabbath*. A melhor maneira de praticar é com uma Sangha: a energia coletiva da consciência plena aprofunda a prática. A presença da Sangha é uma proteção e um empoderamento, e esta presença nos sustenta também durante o resto da semana. O monge pratica a respiração atenta enquanto executa suas tarefas diárias, come em silêncio com consciência plena, lava sua tigela como se estivesse dando banho no menino Buda, pratica refugiando-se nas Três Joias em todos os momentos, ajuda os doentes e feridos como se estivesse servindo a um Buda ou a um bodhisattva e contempla profundamente cada objeto com o qual entra em contato – uma laranja, um pingo de chuva, uma folha ou uma pessoa moribunda. Após vários anos de treinamento, isso se torna possível, especialmente se o monge vive e trabalha numa Sangha onde os outros seguem a mesma prática. Conheço um monge que tinha consciência de sua respiração e de cada passo que dava durante todo um ciclo de aulas de cem dias numa das cidades mais movimentadas do mundo.

Nosso propósito original

Em *Cruzando o limiar da esperança*, o papa João Paulo II escreveu: "O papa reza como o Espírito Santo lhe permite rezar". Para mim, o Espírito Santo é a própria consciência plena. Como pode alguém rezar com consciência plena? O papa escreveu: "O homem não cruzará o limiar da esperança sem a ajuda do Espírito Santo. Por isso, a oração pelos sofredores e com os sofredores é uma parte especial deste grande grito que a Igreja e o papa lançam junto com Cristo". Creio que, se qualquer pessoa, budista ou cristã, abraça o sofrimento com consciência plena ou permite que o Espírito Santo trabalhe dentro dela, ela chegará a compreender realmente a natureza desse sofrimento e não mais imporá dogmas a si mesma ou a outros, dogmas que constituem obstáculos ao trabalho que visa a cessação desse sofrimento.

Quando ficamos presos a noções, rituais e outras formas de prática, não só não podemos receber e encarnar o espírito de nossa tradição, mas nos tornamos um obstáculo à transmissão dos verdadeiros valores da tradição. Perdemos de vista as verdadeiras necessidades e o sofrimento real das pessoas; e o ensino e a prática, que pretendiam aliviar o sofrimento, agora causam sofrimento. Práticas tacanhas, fundamentalistas e dogmáticas sempre alienam as pessoas, especialmente as que estão sofrendo. Precisamos recordar sempre de novo nosso propósito original e os ensinamentos e intenção originais de Buda, de Jesus e de outros grandes sábios e santos.

A fonte está dentro de nós

No budismo, a fonte de nossa energia é a fé em nossa prática diária. A fé numa *ideia* é por demais arriscada. As ideias podem mudar, mesmo as ideias sobre Buda. Amanhã podemos não acreditar na mesma coisa e podemos cair no abismo da dúvida. Sabemos muito bem que nossa prática diária de viver conscientemente nos trouxe alegria e paz e por isso temos fé e confiança em nossa prática. É uma espécie de fé experiencial. Sabemos que, quando praticamos o andar conscientemente, nos renovamos a nós mesmos e sentimos paz e alegria a cada passo. Ninguém pode apagar isto, porque chegamos a saborear a realidade. Esse tipo de fé nos dá força real.

No budismo, falamos em tocar o nirvana com nosso próprio corpo. No cristianismo você pode também tocar o Reino de Deus com seu próprio corpo, aqui mesmo e agora mesmo. É muito mais seguro do que colocar nossa esperança no futuro. Se nos apegamos à nossa ideia de esperança no futuro, podemos não notar a paz e a alegria que estão disponíveis no momento presente. A melhor maneira de cuidar do futuro é cuidar do momento presente. Praticando a respiração consciente, cientes de cada pensamento e de cada ato, nós renascemos, plenamente vivos, no momento presente. Não precisamos abandonar completamente nossa esperança; mas, se não canalizarmos nossas energias para a consciência do que está acontecendo no momento presente, podemos não descobrir a paz e a felicidade disponíveis agora mesmo. A fonte está dentro de nós. Se cavarmos profundamente no momento presente, a água jorrará.

A experiência religiosa é experiência humana

Tenho observado que cristãos e budistas que viveram profundamente sua vida contemplativa se expressam sempre de maneira não dualista, não dogmática. Os místicos cristãos e os mestres Zen nunca parecem especulativos ou intelectuais. Um diálogo entre um místico cristão e um mestre Zen não é difícil de entender. Sua mente especulativa deu lugar a um espírito não discursivo. Por terem aprendido a não cair na armadilha das noções ou das representações, não falam como se só eles possuíssem a verdade. E não pensam que os seguidores de outras tradições estão no caminho errado.

A experiência religiosa é inevitavelmente uma experiência humana. Tem a ver com a consciência humana, tanto individual como coletiva. No budismo, a prática religiosa começa com a consciência plena. À medida que a prática se aprofunda e a consciência plena se torna mais constante, o praticante é capaz de tocar, sentir, ver e compreender mais profundamente. A compreensão torna possível o amor e a compaixão e, quando o amor e a compaixão estão presentes, a compreensão se aprofunda. O praticante aprende como praticar para manter a consciência plena e ajudá-la a crescer. Ele sabe que, enquanto a consciência plena estiver viva, pode ocorrer a transformação.

Os que sabem viver na consciência plena, diz o sutra, são os que vivem na casa do Tathagata, vestem as roupas do Tathagata e comem o alimento do Tathagata. Eles vivem em paz e segurança. Mas a força do nosso hábito é forte e temos a tendência de ser superados pela dispersão e pela negligência, os opostos da consciência plena. No momento em que nos perdemos na negligência, deixamos de viver na casa do Tathagata. O rei Tran Thai Tong, do Vietnã do século XIII, escreveu: "Vocês são convidados a permanecer na casa do Tathagata, mas a força do hábito faz vocês dormirem noite após noite entre os juncos". A maneira budista de lidar com a força do hábito consiste em ter consciência dela cada vez que ela surge. No momento em que estamos conscientes dessa força, ela já começa a transformar-se. Mas é necessário treinar a prática da consciência plena para sermos bem-sucedidos.

Amar a Deus é amar os seres vivos

Eu gosto da expressão "repousar em Deus". Quando você reza com todo o seu coração, o Espírito Santo está em você e, quando você continua rezando, o Espírito Santo continua em você. Você não precisa fazer nenhuma outra coisa. Enquanto o Espírito Santo estiver presente está tudo bem. Você está repousando em Deus e Deus trabalhará em você. Para ocorrer a transformação, você só precisa permitir que o Espírito Santo permaneça em você. O Espírito Santo é a energia de Deus que brilha à sua frente mostrando o caminho. Você consegue ver as coisas profundamente, compreender profundamente e amar profundamente.

Se for praticada desta maneira, a Oração do Senhor pode ocasionar uma real transformação. "Pai nosso que estás no céu, santificado seja teu nome, venha o teu reino, faça-se a tua vontade, na terra como no céu". Um budista entenderia isso como tocar a dimensão última e perceber que a dimensão última e a dimensão histórica são uma coisa só. É como a onda tocando a água, que é sua própria natureza. Este toque remove o medo, a cólera, a ansiedade e o desejo insaciável. Céu e terra se tornam uma coisa só. "Dá-nos hoje nosso pão cotidiano e perdoa as nossas ofensas, como nós perdoamos os que nos ofendem. Não nos deixes cair em tentação, mas livra-nos do mal". A Oração do Senhor nos mostra que amar a Deus é amar os seres vivos que vemos e tocamos em nossa vida diária. Se podemos amá-los, podemos amar a Deus.

Vazio de que?

A consciência plena, a capacidade de estar aqui, de testemunhar profundamente tudo o que acontece no momento presente, é o começo da iluminação. Isso também vale para o Espírito Santo. Os budistas dizem que todos têm a semente da consciência plena no nível mais profundo de sua consciência e que a prática ajuda essa semente a manifestar-se. Esta semente da consciência plena é a presença do Buda em nós, chamada natureza de Buda (*Buddhata*), a natureza da iluminação. Os cristãos dizem que Deus está no coração de cada pessoa. O Espírito Santo pode ser descrito como estando sempre presente em nosso coração na forma de uma semente. Sempre que rezamos ou invocamos o nome do Senhor, essa semente se manifesta como energia de Deus. O Reino de Deus está em nós como uma semente, uma semente de mostarda. Se não podemos aceitar isto, por que dizemos que Deus está dentro de nós?

Quando a lâmpada é acesa, começamos a ver mais profundamente as coisas em nós e ao nosso redor. De acordo com os ensinamentos de Buda, é importante examinar profundamente as coisas e descobrir sua natureza de impermanência (*anitya*) e não-eu (*anatman*). A impermanência e o não-eu não são negativos. São as portas que abrem para a verdadeira natureza da realidade. Não são as causas da nossa dor. É nossa ilusão que nos faz sofrer. Considerando algo impermanente como permanente, considerando algo desprovido de eu como algo que possui um eu, nós sofremos. A impermanência é a mesma coisa que não-eu. Já que os fenômenos são impermanentes, não possuem uma identidade permanente. O não-eu é também vacuidade. Vacuidade de quê? Vacuidade de um eu permanente. Não-eu significa também interser. Já que tudo é feito de todas as outras coisas, nada pode ser por si só. O não-eu é também interpenetração, porque todas as coisas contêm todas as outras coisas. O não-eu é também interdependência, porque isto é feito daquilo. Cada coisa depende de todas as outras coisas para ser. Isso é interdependência. Nada pode ser por si só. Precisa interser com todas as outras coisas. Isto é não-eu.

A natureza do interser

A consciência plena e a concentração levam a uma experiência direta de impermanência e de não-eu, de modo que impermanência e não-eu já não são mais noções e imagens, mas uma experiência direta. Um monge Zen disse: "Antes de eu começar a praticar, as montanhas eram montanhas e os rios eram rios. Durante muitos anos de prática, as montanhas deixaram de ser montanhas e os rios deixaram de ser rios. Agora, como entendo as coisas de maneira apropriada, as montanhas são montanhas e os rios são rios". Graças à prática, este monge conseguiu ver a natureza do interser. Já não estava mais preso às noções de eu e não-eu. Algumas pessoas dizem que a prática budista consiste em dissolver o eu. *Elas não entendem que não existe nenhum eu a ser dissolvido. Existe apenas a noção do eu a ser transcendida.*

Assim que você sabe que as montanhas são feitas de rios e de todas as outras coisas, e que os rios são feitos de montanhas e de todas as outras coisas, é seguro você utilizar as palavras "montanhas" e "rios". Na prática budista, o essencial é você perceber a natureza do interser e transcender a noção do eu e de todas as suas coerções. Quando toca a realidade do não-eu, você toca ao mesmo tempo o nirvana, a dimensão última do ser, e fica livre de medo, apego, ilusão e desejo insaciável.

O fundamento da experiência

É necessário morrer a fim de renascer. Logo que você experimenta a impermanência, o não-eu e o interser, você nasce novamente. Mas, se não adormecer no inverno, a planta não poderá renascer na primavera. Jesus disse que, se você não renascer como uma criança, não pode entrar no Reino de Deus. Thomas Merton escreveu: "A experiência viva do amor divino e do Espírito Santo [...] é uma verdadeira consciência de que a pessoa morreu e ressuscitou em Cristo. É uma experiência de renovação mística, uma transformação interior produzida inteiramente pelo poder do amor misericordioso de Deus, que implica a 'morte' do ego autocentrado e autossuficiente e o surgimento de um eu novo e libertado, que vive e age no Espírito". Será impossível um monge ou um leigo terem esta experiência se não praticarem o repousar em Deus, se eles se refugiarem apenas no trabalho, perdendo-se nele. Quer a prática seja *psalmodia, lectio, oratio, contemplatio* ou *meditatio*, a verdadeira presença do Espírito Santo no ser da pessoa é o fundamento que torna possível esta experiência, mesmo que afirmemos que a experiência é um dom de Deus.

Oração concreta

A mente do iniciante, a mente do amor ou a mente da iluminação (*bodhicitta*), é absolutamente essencial para o praticante budista. É a fonte de energia que ajuda o monge a focar todo o seu ser na prática. A carreira do praticante é a carreira da iluminação. Iluminação significa aqui tocar a realidade última, o nirvana. A prática diária ajuda a consolidar a mente e a impedir que ela seja corroída. Se sua mente de iluminação for forte, o monge seguirá o caminho da prática naturalmente, como a água fluindo numa corrente. No budismo, isto se chama "vencer a corrente". Qualquer coisa que o monge encontra depois de entrar na corrente se torna objeto de sua meditação: uma nuvem flutuante, um cadáver, até mesmo seu próprio medo. Sua concentração profunda o ajuda a tocar e penetrar os objetos de sua meditação e a revelar a verdadeira natureza deles. Os monges ou as pessoas leigas que praticam corretamente sempre observam os Cinco Preceitos Maravilhosos, os 58 Preceitos do Bodhisattva ou os 250 Preceitos Pratimoksha. Estas diretrizes são a expressão da compreensão e do amor do praticante. Não são regras impostas a partir do exterior. São as práticas concretas da consciência plena, que o ajudam a focar todo o seu ser no objeto de sua meditação. Os preceitos (*sila*) tornam possível a concentração (*samadhi*) e a concentração produz a iluminação (*prajña*). A iluminação é a irrupção na verdadeira natureza da realidade.

Observar os Dez Mandamentos na vida diária é também a prática concreta da oração e da meditação. A Oração do Coração não é possível para aquele que não observa constantemente os mandamentos. Se você não observa, por exemplo, o "Não matarás", como é possível observar o "Amarás o Senhor teu Deus"?

Entrega total

No budismo, a verdadeira natureza das coisas é denominada cessação (*nirodha*) ou extinção (*nirvana*). Cessação é, antes de tudo, a cessação de todas as noções e ilusões, e extinção é a extinção das noções e percepções errôneas. A extinção da ilusão produz a cessação do desejo insaciável, da cólera e do medo e a manifestação de paz, solidez e liberdade. Todas as noções aplicadas ao mundo fenomenal – como criação, destruição, ser, não-ser, um, muitos, vir e ir – são transcendidas. O maior alívio que podemos obter está disponível quando tocamos a realidade última, o "fundamento do ser" de Tillich. Já não identificamos a duração do nosso corpo como o curso da nossa vida. Já não pensamos que a vida começa quando nascemos ou termina quando morremos, porque as noções de nascimento e morte foram transcendidas. A vida já não é confinada ao tempo e ao espaço. Esta é a prática de libertar a noção de "curso da vida".

Tocar o nirvana, tocar a dimensão última, é uma entrega total e incondicional a Deus. Se a onda sabe que o fundamento de seu ser é a água, ela supera todo medo e aflição. No momento em que o monge entrega todo o seu ser a Deus como fundamento do ser, todos os seus medos desaparecem. Ouçamos Thomas Merton: "Na linguagem dos pais monásticos todas as orações, a leitura, a meditação e todas as atividades da vida monástica visam a pureza do coração, uma entrega incondicional e totalmente humilde a Deus, uma aceitação total de nós mesmos e de nossa situação como desejada por ele. Isto significa a renúncia a todas as imagens ilusórias de nós mesmos, a todas as avaliações exageradas de nossas próprias capacidades, a fim de obedecer à vontade de Deus tal como ela chega a nós".

Dois tipos de causação

Uma vez tocada a realidade última, todas as noções são transcendidas: nascimento, morte, ser, não-ser, antes, depois, um, muitos e assim por diante. Perguntas como "Deus existe?" ou "O nirvana existe?" já não são válidas. Deus e nirvana como conceitos foram transcendidos. Existência (ser) e não-existência (não-ser) como conceitos também foram transcendidas. Mesmo uma única noção (Deus/nirvana) é suficiente para bloquear o acesso à realidade última, então por que acrescentar outra noção (existência/não-existência)? Para aquele que teve uma experiência de Deus ou do nirvana, a pergunta "Deus existe?" é um indício de falta de discernimento. Todas as soteriologias pertencem, de início, à dimensão histórica. Mas, à medida que a observação de alguém se torna mais profunda e a dimensão última é tocada, as noções de início e fim são transcendidas.

De acordo com o budismo, existem dois tipos de causalidade: causação na dimensão histórica e causação entre a dimensão histórica e a dimensão última. Quando dizemos:

"Eu nasci de meus pais e fui criado e alimentado por minha família e por minha sociedade", estamos falando de causação na dimensão histórica. Quando dizemos: "As ondas nascem da água", estamos falando de causação como relação entre a dimensão histórica e a dimensão última. Quando disse ser o Filho do Homem, Jesus estava falando de causação em termos da dimensão histórica. Quando se referiu a si mesmo como o Filho de Deus, estava falando da relação entre a relação histórica e a relação última. Não podemos falar da relação última em termos da relação histórica. Não podemos tratar o númeno, o fundamento ontológico, como um detalhe ou aspecto dos fenômenos. A relação Pai-Filho não é a relação pai-filho. Deus não faz o mundo da mesma forma como um padeiro faz o pão. *Samsara* e nirvana são duas dimensões da mesma realidade. Existe uma relação, mas é uma relação fenômenos-númeno, não uma relação fenômenos-fenômenos. Os budistas têm consciência disso. Por isso eles falam de "investigação separada de númeno (*svabhava*) e fenômenos (*laksana*)". E no entanto, ao mesmo tempo, têm consciência de que as duas esferas são uma só.

Ouçamos o *Quicumque vult* do Livro da Oração Comum:

> *A fé católica é esta: que adoremos Deus na Trindade e a Trindade na Unidade.*
> *Sem confundir as Pessoas nem dividir a Substância.*
> *Porque existe uma Pessoa do Pai, outra do Filho e outra do Espírito Santo.*
> *Mas a divindade do Pai, do Filho e do Espírito Santo é uma só: igual a glória, coeterna a majestade.*
> *Tal como é o Pai, tal é o Filho e tal é o Espírito Santo.*
> *O Pai é incriado, o Filho é incriado e o Espírito Santo é incriado.*

O Pai é eterno, o Filho é eterno e o Espírito Santo é eterno. [...]
O Pai é Deus, o Filho é Deus e o Espírito Santo é Deus. E, no entanto, não são três Deuses, mas um só Deus. [...]
O Pai não foi feito por ninguém: nem criado nem gerado.
O Filho procede do Pai somente: não feito, nem criado, mas gerado.
O Espírito Santo procede do Pai e do Filho: não feito, nem criado, nem gerado, mas procedente do Pai e do Filho. [...]
Pois a reta fé consiste em acreditar e confessar que nosso Senhor Jesus Cristo, o Filho de Deus, é Deus e Homem: Deus, procedente da substância do Pai, gerado antes dos mundos; e Homem, procedente da substância de sua mãe, nascido no mundo.
Perfeito Deus e perfeito homem: com alma racional e carne humana.
Igual ao Pai segundo a divindade e inferior ao Pai segundo a humanidade.

O discernimento do interser, a natureza do não-eu, pode ser tocado quando você ouve esta oração. O mesmo discernimento pode ser obtido também quando você contempla os fenômenos: uma magnólia, um esquilo ou uma nuvem.

Quem não é único?

João Paulo II, em *Cruzando o limiar da esperança*, insiste que Jesus é o Filho único de Deus: "Cristo é absolutamente original e absolutamente único. Se fosse apenas um homem sábio como Sócrates, se fosse um 'profeta' como Maomé, se fosse 'iluminado' como Buda, sem nenhuma dúvida não seria o que ele é. Ele é o único mediador entre Deus e a humanidade". Esta afirmação não parece refletir o mistério profundo da unidade da Trindade. Também não reflete o fato de que Cristo é também o Filho do Homem. Todos os cristãos, quando rezam a Deus, se dirigem a ele como Pai. Evidentemente Cristo é único. Mas quem não é único? Sócrates, Maomé, o Buda, você e eu somos todos únicos. A ideia por trás da afirmação do papa, no entanto, é a noção de que o cristianismo proporciona o único caminho de salvação e todas as outras tradições religiosas são inúteis. Esta atitude exclui o diálogo e fomenta a intolerância religiosa e a discriminação. Isso não ajuda.

A diferença está na ênfase

É uma tendência natural do ser humano personificar qualidades como amor, liberdade, compreensão e também a realidade última. No budismo, a Perfeição da Sabedoria (*Prajñaparamita*) é descrita como a Mãe de todos os Budas, e os budistas indianos a representam na forma de uma pessoa do sexo feminino. O ensinamento de Buda, o Dharma, é também representado como um corpo, o Dharmakaya. Os budistas fazem oferendas ao Buda histórico e também ao Dharmakaya. Mas eles sabem que o Dharmakaya não é uma pessoa no sentido dos cinco agregados: forma, sentimentos, percepções, estados mentais e consciência. É como a Liberdade sendo personificada como uma Deusa. A Liberdade não é um corpo feito com os cinco agregados. A realidade última pode ser representada como uma pessoa, mas a realidade última não pode ser apenas uma reunião dos cinco agregados. O verdadeiro corpo de Jesus é seu ensinamento. A única maneira de tocá-lo é praticar seu ensinamento. O ensinamento de Jesus é seu corpo vivo e este corpo vivo de Cristo se manifesta sempre e onde seu ensinamento é praticado.

Tanto os budistas quanto os cristãos, no diálogo, querem reconhecer semelhanças e também diferenças em suas tradições. É bom que uma laranja seja uma laranja e uma manga seja uma manga. As cores, os cheiros e os gostos são diferentes; mas, olhando profundamente, vemos que ambas são frutos autênticos. Olhando mais profundamente, podemos ver em ambas a luz do sol, a chuva, os minerais e a terra. Apenas suas manifestações são diferentes. A experiência autêntica torna uma religião uma verdadeira tradição. A experiência religiosa é, sobretudo, experiência humana. Se são autênticas, as religiões contêm os mesmos elementos de estabilidade, alegria, paz, compreensão e amor. Estão presentes as semelhanças e também as diferenças. Elas diferem apenas em termos de ênfase. Glicose e acidez estão presentes em todas as frutas, mas em graus variados. Não podemos dizer que uma é uma fruta e real e a outra não.

O verdadeiro diálogo traz tolerância

A ausência de verdadeira experiência provoca intolerância e uma falta de compreensão. As religiões organizadas devem, portanto, criar condições favoráveis para a verdadeira prática e a verdadeira experiência florescerem. Práticas ecumênicas autênticas ajudam as diferentes escolas presentes numa tradição a aprender umas das outras e a restaurar os melhores aspectos da tradição que podem ter sido corroídos. Isto vale tanto para o budismo quanto para o cristianismo. Hoje, todas as escolas do budismo estão presentes no Ocidente e, mediante suas interações mútuas, está ocorrendo um mútuo aprendizado e os elementos que se perderam numa tradição podem ser revividos por outra. A Igreja católica romana, a Igreja ortodoxa oriental e as Igrejas protestantes poderiam fazer o mesmo. E é possível até ir além. Diferentes tradições religiosas podem empenhar-se num diálogo umas com as outras num verdadeiro espírito de ecumenismo. O diálogo pode ser frutuoso e enriquecedor se ambos os lados estiverem realmente abertos. Se as diferentes tradições acreditarem realmente que existem elementos valiosos em cada tradição e que elas poderão aprender umas das outras, elas redescobrirão muitos aspectos valiosos de sua própria tradição por meio desse encontro. A paz será uma bela flor que floresce neste campo da prática.

O verdadeiro diálogo nos tornará mais imparciais, tolerantes e compreensivos. Tanto os budistas quanto os cristãos gostam de compartilhar sua sabedoria e experiência. Compartilhar desta maneira é importante e deve ser estimulado. Mas compartilhar não significa querer que os outros abandonem suas próprias raízes espirituais e abracem a fé de você. Isso seria cruel. As pessoas são estáveis e felizes somente quando estão firmemente enraizadas em sua própria tradição e cultura. O desarraigamento as fará sofrer. Hoje já existe um grande número de pessoas desarraigadas de sua tradição e elas sofrem muito, perambulando como fantasmas famintos, procurando algo para preencher suas necessidades espirituais. Precisamos ajudá-las a retornar à sua tradição. Cada tradição precisa estabelecer primeiro um diálogo com seus próprios membros, especialmente com as pessoas jovens que estão perdidas e alienadas. Durante os últimos quinze anos em que estive compartilhando o Dharma de Buda no Ocidente, sempre exortei meus amigos ocidentais a retornar às suas próprias tradições e descobrir os valores que ali se encontram, os valores com os quais eles não foram capazes de entrar em contato antes. A prática da meditação budista pode ajudá-los a fazer isto e muitos foram bem-sucedidos. O budismo é feito de elementos não budistas. O budismo não tem um eu separado. Quando você é um cristão verdadeiramente feliz, você é também um budista. E vice-versa.

Nós vietnamitas aprendemos estas lições a partir do nosso próprio sofrimento. Quando chegaram ao Vietnã há vários séculos, os missionários cristãos nos exortaram a abandonar o culto ancestral e abandonar nossa tradição budista. Mais tarde, quando nos ajudaram nos campos de refugiados na Tailândia e em Hong Kong, nos exortaram a abandonar também nossas raízes. A boa vontade de ajudar-nos e salvar-nos estava presente, mas não estava presente a compreensão correta. As pessoas não podem ser felizes se não tiverem raízes. Podemos enriquecer-nos uns aos outros em nossa vida espiritual, mas não há necessidade de alienar as pessoas de seus ancestrais e de seus valores. Esta situação pede mais compreensão. As autoridades da Igreja precisam esforçar-se para compreender o sofrimento de seus próprios membros. A falta de compreensão provoca falta de tolerância e de verdadeiro amor, o que resulta na alienação das pessoas em relação à Igreja. A verdadeira compreensão provém da verdadeira prática. Compreensão e amor são valores que transcendem todo dogma.

Glossário

anapanasati (páli): lit. "consciência plena da inspiração e da expiração".

anatman (sânscrito): não-eu; significa que não há existência independente, separável de todas as outras coisas.

Anguttara Nikaya: uma das cinco coleções dos discursos de Buda preservados na língua páli.

anitya (sânscrito): impermanência; de acordo com Buda, tudo é impermanente.

apostólico: 1) pertencente, relativo ou contemporâneo aos doze apóstolos; 2) pertencente ou relativo à fé, ao ensinamento ou à prática dos doze apóstolos; 3a) pertencente ou relativo a uma sucessão de autoridade espiritual dos doze apóstolos, que, de acordo com os anglicanos, os católicos romanos, os ortodoxos orientais e alguns outros, foi perpetuada por sucessivas ordenações de bispos e é um requisito para ordens válidas e administração válida dos sacramentos; 3b) Igreja católica romana; pertencente ou relativo ao papa como sucessor de São Pedro; papal.

apóstolos: a) as doze testemunhas que Jesus Cristo enviou para pregar seu evangelho ao mundo; b) um missionário da Igreja cristã primitiva; c) um líder da missão cristã primitiva enviado a um país ou região.

Arhat (sânscrito): um adepto budista que superou todas as aflições; lit. "alguém que é digno de respeito e apoio".

atman (sânscrito): eu; ensinamento fundamental dos sacerdotes brâmanes indianos ao qual Buda se opôs.

Avalokitesvara: bodhisattva da compaixão; bodhisattva da escuta profunda.

avidya (sânscrito): ignorância, lit. "falta de luz".

batismo: 1) um sacramento religioso marcado pelo uso simbólico da água e que resulta na admissão do receptor à comunidade cristã; 2) uma cerimônia, uma provação ou uma experiência pela qual alguém é iniciado, purificado ou recebe um nome.

bodhicitta (sânscrito): lit. "mente da iluminação"; mente do amor; requisito mais profundo e mais recôndito para realizar-se e trabalhar para o bem-estar de todos.

bodhisattva (sânscrito): lit. "ser-de-iluminação"; alguém que está no caminho do despertar e promete renunciar à iluminação completa enquanto ajuda os outros seres a atingir a iluminação.

Buda (sânscrito: *Buddha*): alguém plenamente iluminado; da raiz sânscrita *buddh*, "despertar".

Buddhanusmrti (sânscrito): recordação de Buda; refletir sobre as dez qualidades de Buda; visualizar suas marcas de beleza, calma e felicidade; ou evocar seu nome.

budismo engajado: termo cunhado no Vietnã, que enfatiza a ação baseada na consciência.

budologia: estudo da vida de Buda.

Céu: 1) A morada de Deus, dos anjos e das almas a quem é dada a salvação; 2) um estado de comunhão eterna com Deus; bem-aventurança perpétua.

conceito: 1) noção, ideia, descrição verbal ou teórica da realidade formada na mente, mas não a própria realidade. Uma ideia geral derivada ou inferida de instâncias ou ocorrências específicas; 2) o produto da faculdade de concepção; uma ideia ou uma categoria de objetos, uma noção ou ideia geral.

consciência plena (sânscrito: *smrti*): a energia de estar aqui e testemunhar profundamente tudo o que acontece no momento presente, conscientes do que está ocorrendo dentro e fora.

Cristo: 1) o Messias ou "Ungido do Senhor", cuja vinda foi o tema da profecia e da expectativa judaicas; 2) o título dado a Jesus de Nazaré, como encarnando a plenitude da profecia e da expectativa messiânicas; desde o início do cristianismo tratado como um nome próprio.

Cristologia: 1) o estudo teológico da pessoa e dos atos de Jesus; 2) uma doutrina ou teoria baseada em Jesus ou nos ensinamentos de Jesus.

crucifixão: 1) o ato de crucificar ou executar numa cruz; 2) a crucifixão de Jesus Cristo no Calvário; 3) uma representação de Jesus na cruz.

dana (sânscrito): generosidade, doação.

Dharma (sânscrito): a maneira de compreender e de amar ensinada por Buda; lit. "a lei".

Dharmakaya (sânscrito): lit. "corpo do Dharma", o corpo dos ensinamentos de Buda. Posteriormente chegou a significar o Buda glorioso e eterno, que está sempre expandindo o Dharma.

Espírito Santo: 1) a terceira pessoa da Trindade cristã; 2) a energia enviada por Deus.

Eucaristia: 1) um sacramento e o ato central do culto em muitas Igrejas cristãs, que foi instituído na Última Ceia e no qual pão e vinho são consagrados e consumidos em recordação da morte de Jesus; comunhão; 2) os elementos consagrados deste rito; do grego *eucharistos*, "grato, agradecido".

Evangelho: 1) a proclamação da redenção pregada por Jesus e pelos apóstolos, que é o conteúdo central da revelação cristã; 2) um dos quatro primeiros livros do Novo Testamento, que descreve a vida, a morte e a ressurreição de Jesus e lembra seu ensinamento; 3) um ensinamento ou doutrina de um mestre religioso.

evangélico: 1) pertencente, relativo ou de acordo com o Evangelho cristão, especialmente um dos quatro Evangelhos do Novo Testamento; 2) pertencente, relativo ou constituindo uma Igreja protestante que fundamenta seu ensinamento no Evangelho; 3) pertencente, relativo ou constituindo uma Igreja cristã que acredita na autoridade única e inerrância da Bíblia, na salvação somente por meio da regeneração e numa vida pessoal espiritualmente transformada; 4) caracterizado por um entusiasmo ardente e de cruzada; zeloso: um liberal evangélico; um membro de uma Igreja ou grupo evangélicos; sinônimo de missionários ou de seu trabalho apostólico missionário.

fenômeno: 1) uma ocorrência, circunstância ou fato que é perceptível pelos sentidos; 2a) aquilo que aparece como real à mente, sem considerar se sua existência subjacente é provada ou se sua natureza é compreendida; 2b) na filosofia kantiana, a aparência de um objeto na mente enquanto oposta à sua existência em si mesmo e de si mesmo, independente da mente; 3) na física, um acontecimento observável.

iluminação (sânscrito: *bodhi*): despertar. Iluminação é sempre iluminação a respeito de algo.

interser: o ensinamento budista de que nada pode ser só por si mesmo, de que tudo no cosmos precisa "interser" com todas as outras coisas.

Jesus: o prenome do mestre e profeta que viveu no século I desta era e cuja vida e ensinamentos formam a base do cristianismo. Os cristãos acreditam que Jesus é o Filho de Deus e o Cristo; em hebraico: *Joshua*.

karuna (sânscrito): compaixão, que ajuda a aliviar o sofrimento.

laksana (sânscrito): marcas, aparências, aspectos fenomenais da realidade.

Mahayana: lit. "grande veículo"; escolas setentrionais de budismo que enfatizam a ação compassiva dos bodhisattvas.

Maitreya: o Buda futuro, o Buda do amor.

maitri (sânscrito): amor, que traz alegria.

manifestação (sânscrito: *vijñapti*): quando as condições são suficientes para os constituintes de algo se reunirem numa determinada forma que podemos perceber.

Manjusri: bodhisattva da compreensão.

meditação andando: caminhar atentamente, consciente de cada passo e de cada respiração, da maneira como Buda caminhava.

não dualidade: a natureza não discriminativa de todos os fenômenos.

Natal: festa do nascimento de Cristo, celebrada no dia 25 de dezembro.

natureza de Buda (sânscrito: *Buddhata*): a semente da consciência plena e da iluminação presente em cada pessoa, que representa nosso potencial de tornar-nos plenamente despertos.

Nirmanakaya: o corpo de transformação do Buda Shakyamuni.

nirvana: extinção das ideias e conceitos e do sofrimento baseado em ideias e conceitos; a dimensão última da realidade.

númeno: 1) um objeto que pode ser intuído apenas pelo conhecimento direto (intuição) e não percebido pelos sentidos; 2) um objeto independente de sua intuição intelectual ou de sua percepção sensorial. Chamado também coisa-em-si; 3) na filosofia de Kant, um objeto, por exemplo a alma, que não pode ser conhecido pela percepção, embora sua existência possa ser demonstrada.

ontologia: 1) ciência ou estudo do ser; o departamento da metafísica que se relaciona com o ser ou essência das coisas, ou com o ser abstratamente; 2) discurso sobre o fundamento do ser.

Ordem do Interser: uma ordem budista socialmente engajada, fundada no Vietnã em 1965.

ortodoxo: 1) fiel à fé aceita ou tradicional e estabelecida, especialmente na religião; 2) fiel à fé cristã como está expressa nos primeiros credos ecumênicos cristãos; 3) pertencente ou relativo a qualquer uma das Igrejas ou ritos da Igreja ortodoxa oriental.

piedade: 1) o estado ou qualidade de ser piedoso, especialmente: a) devoção religiosa e reverência a Deus; b) devoção e reverência aos pais e à família: piedade filial; 2) um ato, pensamento ou declaração devota; 3) uma palavra importante no judaísmo, que enfatiza que toda vida é um reflexo de Deus. Do latim para "conduta zelosa".

portas do Dharma: 84.000 entradas na corrente do ensinamento e da realização de Buda.

prajña (sânscrito): compreensão, sabedoria.

Prajñaparamita (sânscrito): lit. "compreensão que foi além"; literatura budista Mahayana desenvolvida nos primeiros anos da era cristã, chamada Mãe de todos os Budas.

prática (sânscrito: *citta bhavana*): cultivar a mente e o coração.

preceitos (sânscrito: *sila*): 1) normas ou princípios que prescrevem um determinado curso de ação ou conduta; 2) diretrizes oferecidas por Buda para proteger-nos e ajudar-nos a viver com consciência plena.

reencarnação: 1) renascimento da alma num outro corpo; 2) um renascimento em outra forma; uma nova encarnação.

samadhi (sânscrito): concentração; um componente importante e também resultado da prática da meditação.

samatha (sânscrito): parar, acalmar-se, tranquilidade; o primeiro aspecto da meditação budista.

Sambhogakaya: um dos três corpos de Buda de acordo com o budismo Mahayana; o corpo de bem-aventurança, ou fruição.

samsara (sânscrito): ciclo de nascimento e morte.

Sangha (sânscrito): comunidade budista de prática, composta de monges, monjas e pessoas leigas. Cf. *Três Joias*.

sânscrito: língua indiana na qual foi registrada a maioria dos sutras budistas Mahayana.

Seder (hebraico): lit. "ordem, arranjo"; refeição ritual que comemorava o êxodo dos judeus do Egito, jornada da escravidão para a liberdade; celebrava as duas primeiras noites da Páscoa.

Shakyamuni (sânscrito): prenome de Buda após sua iluminação; lit. "sábio do clã dos Shakya".

Siddhartha Gautama (sânscrito): nome de nascimento de Buda, que viveu nos séculos VI e V a.C.

skandhas (sânscrito): cinco elementos que compõem o ser humano de acordo com Buda: forma, sentimentos, percepções, estados mentais e consciência.

sunyata (sânscrito): vacuidade, vazio de um eu separado. Cf. *anatman* e *interser*.

sutra: narrativa escriturística, especialmente um texto tradicionalmente considerado um discurso de Buda ou de um de seus discípulos; lit. "fio".

talidade (sânscrito: *tathata*): a verdadeira natureza das coisas ou realidade última. O fato de uma coisa ser tal como ela é (inglês: *suchness* ou *thusness*);

Tathagata (sânscrito): lit. "alguém que vem da talidade" ou "alguém que retornará à talidade"; um epíteto de Buda.

tathagatagarbha (sânscrito): "útero do *Tathagata*"; a semente da consciência plena, da iluminação e da compaixão que existe em cada um de nós.

teologia: lit. "discurso sobre Deus". 1) o estudo da natureza de Deus e da verdade religiosa; investigação racional sobre questões religiosas; 2) um sistema ou escola de opiniões concernentes a Deus e a questões religiosas; 3) um curso de estudo religioso especializado, geralmente numa faculdade ou seminário.

teologia apofática: do grego "*apophasis*", "negação", também conhecida como "teologia negativa". Conhecimento de Deus obtido negando tudo o que dizemos que ele é.

teologia negativa: cf. *teologia apofática*.

teólogo: alguém que é versado em teologia.

Terra Pura: um lugar ideal para praticar a compreensão e a benevolência sob a orientação de um Buda.

Thây: palavra vietnamita para "mestre", usada para dirigir-se aos monges budistas no Vietnã.

Theravada: lit. "caminho dos anciãos"; uma das dezoito escolas do budismo primitivo, a mais forte atualmente no sul e sudeste da Ásia.

Três Joias: Buda, Dharma, Sangha; conhecidas também como Três Gemas, Três Pedras Preciosas, Três Refúgios.

Trindade: a união das três pessoas divinas, o Pai, o Filho e o Espírito Santo, num único Deus.

Última Ceia: refeição do Seder pascal compartilhada por Jesus e seus discípulos antes de sua crucifixão.

Vairochana: nome do Dharmakaya Buda.

Védico: pertencente ou relativo aos Vedas, os escritos sagrados dos arianos, considerados canônicos pelo hinduísmo posterior.

vipasyana (sânscrito): discernimento, olhar profundamente; o segundo aspecto da meditação budista.

Zen: escola do budismo Mahayana que enfatiza a meditação como sua prática primária.

Conecte-se conosco:

f facebook.com/editoravozes

◉ @editoravozes

X @editora_vozes

▶ youtube.com/editoravozes

✆ +55 24 2233-9033

www.vozes.com.br

Conheça nossas lojas:

www.livrariavozes.com.br

Belo Horizonte – Brasília – Campinas – Cuiabá – Curitiba
Fortaleza – Juiz de Fora – Petrópolis – Recife – São Paulo

EDITORA VOZES LTDA.
Rua Frei Luís, 100 – Centro – Cep 25689-900 – Petrópolis, RJ
Tel.: (24) 2233-9000 – E-mail: vendas@vozes.com.br